伊澤蘭奢

不世出の女優の生涯と文学

演劇と文学研究会編

鼎書房

目次

口絵――5

伊澤蘭奢伝

「貴女、伊澤蘭奢」――**伊藤志摩子**・11
伊澤蘭奢の生涯――**阿賀佐圭子**・18
伊澤蘭奢伝――伊澤蘭奢著『素裸な自画像』について――**槙賀七代**・37

伊澤蘭奢をめぐる人々

伊藤佐喜雄――**唐戸民雄**・53
髪――内藤民治・恋と愛と――**波佐間義之**・66
「話芸の神さま」が愛した女・伊澤蘭奢――徳川夢声――**森　美樹子**・84
福田清人と伊澤蘭奢――**志村有弘**・91

独り醒める者として――蒲池歓一――森　美樹子・106

女優　伊澤蘭奢

蘭奢の演劇活動――八重瀬けい・115

仲木貞一著「マダムX」――青柳まや・125

伊澤蘭奢を描いた文学

最初で最後の臺詞――福田清人・133

邦枝完二著「女優蘭奢」――柿木原くみ・137

伊藤佐喜雄著『春の鼓笛』――唐戸民雄・144

夏樹静子著『女優X　伊沢蘭奢の生涯』――八重瀬けい・151

海野弘著「マダムXの愛と死」（『運命の女たち―旅をする女―』）――上宇都ゆりほ・162

私的なあとがき――志村有弘・171

伊澤蘭奢（1926 年～ 28 年頃か）

蘭奢と伊藤治輔の結婚写真（明治 40 年 19 歳）

新劇協会で活躍した頃
断髪にした伊澤蘭奢（昭和２年頃）

手製の帽子と外套で（大正15年）

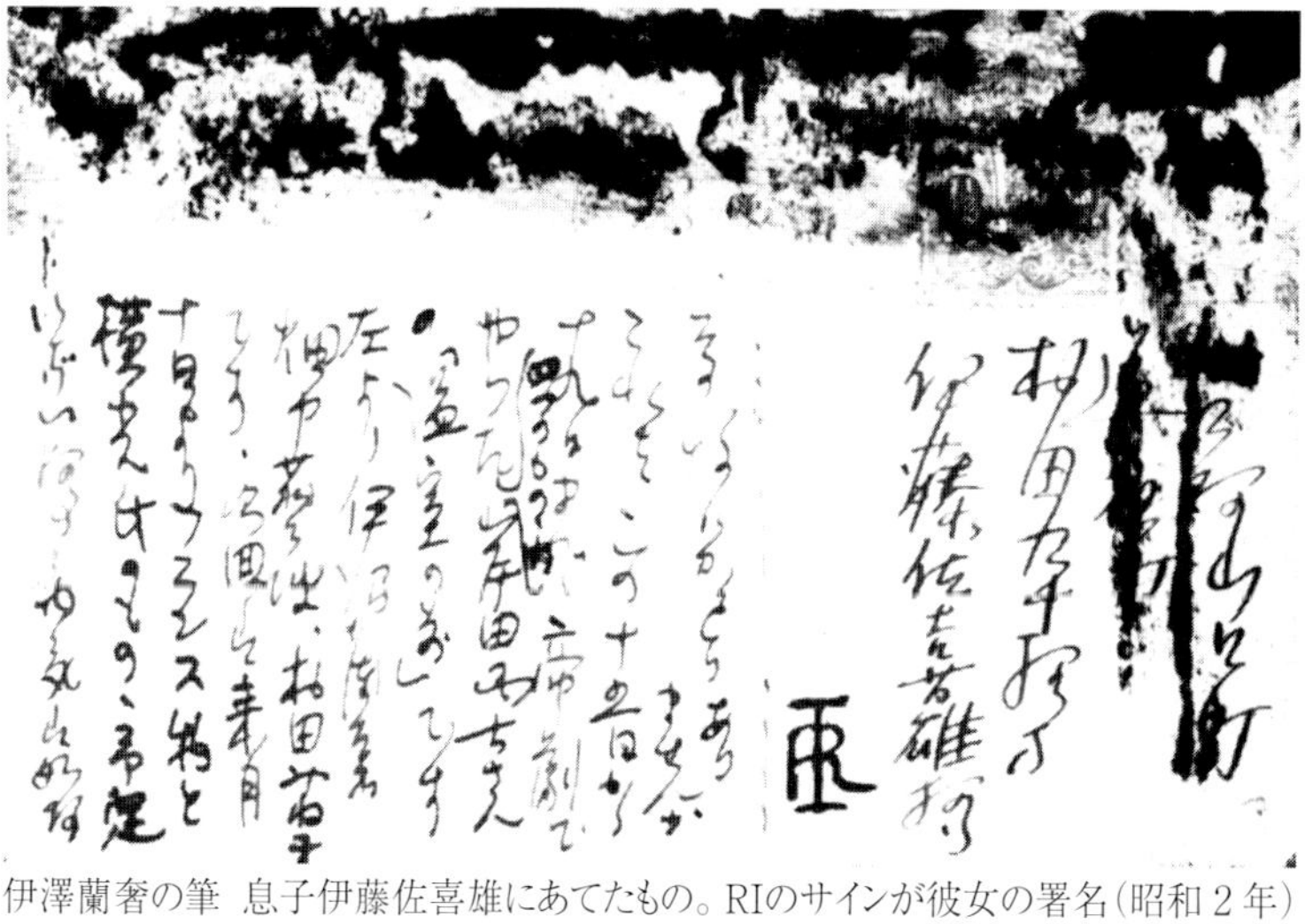

伊澤蘭奢の筆　息子伊藤佐喜雄にあてたもの。RIのサインが彼女の署名（昭和２年）

記念写真　前列左端蘭奢

死の三日前に撮影

蘭奢の墓

書　斎

伊澤蘭奢伝

「貴女、伊澤蘭奢」

伊藤志摩子

それは、私が中学一年生の夏のことでした。国語の授業の時間に先生から見せられた一枚のモノクロ写真に、私の目は釘付けになりました。日本人離れした彫りの深い顔立ちはどこかエキゾチックで、十三歳の私の心を捕らえて放しませんでした。それが私と蘭奢との初めての出会いです。彼女は、おそらく私が女性を美しいと認識した最初の人であったと思います。

そして何よりも驚いたのは、私の机の側に立った先生の口から出たお言葉でした。「伊藤は知っとるんか？　この人は髙津屋の、お前のお祖父さんに嫁いだんで。大正時代にこの津和野から出た女優さんじゃ。」「えっ、うちのお祖父様に？　この美しい人が？　新劇女優ってなん？」今まで一度も聞いたことのなかった話に、私の頭の中は混乱していました。

はやる気持ちを抑えて、学校から帰ると私は父に尋ねました。「今日授業で先生から綺麗な女の人の写真を見せられたんよ、伊澤蘭奢って私のお祖母様なん？」唐突な私の質問にかなり驚いた様子の父でしたが、彼女は祖父の最初の妻だったこと、二人は結婚して東京で暮らしていたこと、そして長男を産むも女優になる夢を捨てきれずに、この家を出て行ったことなどを淡々と話してくれました。側で聞いていた母もお手伝いさんと夕食の支度をしながら、この話には一切口を挟むことはなかったので、子どもながらに（聞いたことが）悪いことをしたように気まずかったことを覚えています。代々続く高津屋には時が経っても、このことは決して明るく話せる内容ではなかったということでしょう。

この話を聞く四年前、私が小学四年生のとき、小説家だった佐喜雄伯父が他界しその法要が津和野で営まれました。一度も会った記憶はないものの、伯父の法要ということで私も参列しました。法要が終わり、旅館の大広間で行われた仕上げ（会食）の席は、伯父を慕って集まった大勢の人たちで、とても賑やかだったのを覚えています。そんななか、手持ち無沙汰に一人座る自分の姿を、私は後日、図工の時間に絵に描いたことがあるので、幼いながらも印象的な出来事だったのだと思います。蘭奢についてはじめて父から話を聞いて、あの時見た遺影の伯父と、学校ではじめて見たモノクロ写真の中の蘭奢が、私の中で点と点が繋がるように結ばれたのです。十三歳のとても切ない出来事でした。私が中学生で彼女の存在を知ってから四十一年が経ちますが、この間私は彼女の年齢に、毎年自分の歳を重ねて「感じる」「考える」「悩む」という無意識の作業を儀式のように繰り返してきました。これは途絶えることなくこれからも続いていくのだろうと思っています。

私の家は、津和野で江戸後期の寛政十（一七九八）年から続く薬種問屋で屋号を高津屋、店名を伊藤博石堂といい、来年創業二百二十年を迎えます。代々津和野藩の御典医であった森家に薬種を納めており、五代目（曾祖父）は鷗外と三つ違いの幼なじみで、幼少の鷗外とはよく遊んだといわれています。代々当主は利兵衛という名を襲名し、明治二十九（一八九六）年五代目が現在日本の名薬といわれる、家伝胃腸薬「一等丸」を考案しました。鷗外も日露戦争に従軍の折、この一等丸を持参したといわれています。今は私が九代目・利兵衛を継ぎ、高津屋を守っています。お陰様で今日まで一等丸は全国の皆さまにご愛用いただいております。

明治四十一（一九〇八）年女学校時代の蘭奢が東京でお世話になっていた、叔父で時事新報社社長の山本昌一氏の計らいで、蘭奢は私の祖父六代目・利兵衛に嫁ぎました。彼女が十八歳、祖父が二十七歳の時でした。祖父は、創世記の東京帝国大学医科大学薬学科をトップクラスで卒業し、東京で「アロイトン」という結核治療薬の研究に没頭していましたが、結局この新薬の製造事業には失敗します。明治四十三（一九一〇）年二人の間にひとり息子の佐喜雄が生まれます。元来学者肌の祖父は、津和野の実家に生後数ヶ月の我が子だけを残し、再起をかけて東京での生活を始めます。しかし、薬学の本の出版や新しい事業の試みはことごとく失敗し、大正四（一九一五）年失意のうちに津和野に戻ってきました。

当時の高津屋は五代目が当主で、番頭、住み込みの手代、女中等と大所帯で暮らしていました。時代は閉鎖的な男社会で、蘭奢には傍目よりもずっと地味な田舎の商家での暮らしが待っていました。彼女には、その不自由な抑圧された生活から、母として息子・佐喜雄へ愛情を注ぐこともままならない日々が続きました。そして、ついに夫婦の関係に破綻をきたすことになるのです。

津和野に帰ってからの二人の住まいは、母屋の中庭を抜けた所にある離れの急な階段を登った二階でした。そこは、後に私の父と母の新居でもあり、実は私もこの部屋で父が母の手を握って生まれました。また、佐喜雄伯父も一時期ここで小説を書いていた時代がありました。天井の低いその部屋は、床の間や飾り棚、文机が今もそのまま残っていて、その佇まいは時間が止まった感じさえします。今でも私はその部屋に入ると、時の流れを遡ることができます。出窓の外には左手に高い白壁の薬蔵が並び、正面には秀峰・青野山が優しく、静かにこちらを見下ろしています。蘭奢も毎日見ていたであろう同じ景色を今でも見ることが出来るのです。

時々私は彼女になってみることがあります。部屋を飛び出した蘭奢が、裏門まで駆けると、表通りのお店に出るよりはずっと早く裏通りに出ることが出来ます。ここに我が子を残して去って行った蘭奢、さぞ無念であったろう、さぞこの家を憎んだことだろうと……。やはり事実は哀しすぎます。大正五（一九一六）年わずか八年で二人の結婚生活は終わりを迎えます。山陰の閉ざされた小さな町で、当時の高津屋の離縁はしばらく町の噂になったことでしょう。

佐喜雄が、母である蘭奢のことを知ったのも、中学二年生の時でした。大正十二（一九二三）年松竹蒲田映画作品「噫無情」に脇役で出演していた蘭奢を、地方の映画館のスクリーンで偶然目にしたのです。三浦繁子という蘭奢の本名三浦シゲに似せた名前に母の面影を見つけたのでしょうか。祖父と後添えの祖母は、身体の弱かった佐喜雄を本当に大事に育てたようで、一回り以上も年の離れた私の父は、子ども心にその手厚さがとても羨ましかったそうです。

それでも、多感な心から真実に辿り着けば、手の届かないところにいる母・蘭奢への愛情が募っていったのでしょう。しばらくして、佐喜雄は意を決して共演者の五月信子に手紙を託し、ようやく蘭奢と佐喜雄との手紙のやり取りが始まります。そして昭和二（一九二七）年の夏、十六歳になった佐喜雄と蘭奢は、浜松で十一年ぶりの再会を果たすのです。当時の彼女は、大正十三（一九二四）年帝国ホテル演芸場で上演された「桜の園」で主演を演じてから昭和三（一九二八）年の「マダムX」、「黙祷」まで、すでに大女優として新劇界での地位を不動のものとしており、女優としての絶頂期にいました。

高津屋を出てひとり上京し、数年後には女優になる夢を叶えた蘭奢のことを、半世紀という時間、津和野の人はもとより、（高津屋の娘である私でさえ中学一年生まで知らなかったのですから……）世間の人はほとんど知りません。そんな蘭奢に再びスポットが当たったのは、平成四（一九九二）年作家の夏樹静子先生が「別冊文藝春秋」で『女優X　伊澤蘭奢の生涯』を発表してからです。高津屋への配慮もしつつ、とても丁寧な取材は先生のお人柄がうかがわれます。この小説により、新劇女優・伊澤蘭奢は再び人びとの知るところとなりました。この本は翌年単行本として出版され、これを読まれた女優の佐久間良子さんが主演で、平成六（一九九四）年五月、東京日比谷の帝国劇場で一ヶ月公演が決まりました。タイトルは「津和野の女・伊澤蘭奢の生涯」。新劇女優の蘭奢が、当時の新聞に初めて大女優と書かれ賞賛を受けた帝国劇場で、自身の物語の幕が上がることに、私は舞台初日一八〇〇席を超える客席の中で、ひとり緞帳を眺めて涙をこらえていました。蘭奢役の佐久間良子さんは優雅で美しく、凛として前を向き、そう思わせる威厳がありました。

劇中の高津屋が、どうしても意地悪な演出になるのは仕方ありません。演じる曾祖父や曾祖母、祖父、そして伯父の台詞には、正直身内として耳を塞ぎたくなる場面もありました。私は客席で一生懸命にそのシーンも受け入れました。そして幕間にはロビーに出て、一般のお客様の目にこの舞台がどのように映るのだろうとその様子が気になりました。「どうぞ、女優・伊澤蘭奢を記憶に残して下さい」という思いで、にこやかに談笑する人々の中をただ掻き分けるように歩いていました。

千秋楽のラストシーンで舞台中央の大階段を登る女優は、まさに小説の中の蘭奢そのものでした。本当に帝国劇場に甦ったかと錯覚するような眩しい瞬間でした。お客様の暖かい拍手が鳴り止まずカーテンコール。演じ終わった佐久間良子さんへの賞賛は、同時に伊澤蘭奢に頂く拍手のようにも感じられ、私は何処に向かって、誰に向かって言うとはなしに、ただ「ありがとうございました。」と心の中で繰り返しながら、座席に座って泣いていました。

私が、三十八歳という短い人生を精一杯生き抜いた蘭奢の歳になったとき、改めて、あまりにも早すぎる彼女の死を痛感しました。その年を越えてからも、私の重ねる思いは続いています。そして、もし彼女が生きていたら、四十歳で、五十歳でどんな女優人生を歩み、どれだけの作品を今に残し、どれほど魅力のある女性になっただろうと想いを膨らませ、想像は尽きません。

このポストカードは、この世に一枚だけかもしれないと密かに喜んでいる私の宝物です。毛皮店の新作毛皮のモデルに、新劇協会・伊澤蘭奢として撮影されたものです。余裕のある堂々とした微笑みで、裏には彼女のことばで品質を推奨しています。現在、高津屋の店内に大きく引き延ばしたものを展示してありますので、津和野にお出かけの折には、是非店の方にお立ち寄りになってご覧下さい。とても素敵な一枚です。「大正時代、山間の津和野から女優になりたいという強い意志を持って上京し、その夢を叶えた新劇女優です。伊澤蘭奢といいます。」と紹介しています。

大正、昭和と高津屋を懸命に蔭から守り、ひたすら尽くしてきた祖母も母も、その時代を真摯に生きた日本の女性の姿であり、本当に娘として心から尊敬しています。そして同時に、高津屋を出て真逆の人生を選んだもう一人の「貴女、伊澤蘭奢」を、私は本当に同性として今も心から尊敬しています。

（高津屋伊藤博石堂、九代目利兵衛）

伊澤蘭奢の生涯

阿賀佐圭子

誕生

つわ蕗《ぶき》がその名の由来だという津和野町は、島根県の南西に位置し、明治維新前は津和野藩亀井氏の城下町であった。山間の小さな盆地に広がる町並みは、小京都として有名である。

三浦シゲ（伊澤蘭奢《いざわらんじゃ》）は明治二十二年（一八八九）十一月二十八日、島根県鹿足郡《かのあしぐん》津和野町後田《うしろた》の江戸以来の製紙業の父三浦五郎兵衛（養子）と母ツルの次女として生まれた。

ここ津和野からは西周（西洋法学者）やその従甥の森鷗外（文豪）、他に中村吉蔵（劇作家）や安野光雅（画家）が生まれ、一つ町を隔てた小国村《おぐにむら》（現・浜田市）からは島村抱月（芸術座主宰）など、文学芸術系の人材が数多く出ている。

製紙業

シゲは九歳上の兄一人、七歳上の姉一人の三人きょうだいの末っ子として裕福な家庭で甘やかされ幸福に暮らしていた。シゲが満四歳になる頃、祖父が亡くなり、家業は傾きかける。家屋敷は銀行に渡り、製紙場などは取り壊され畑になったが、父の五代目五郎兵衛は新たに津和野川のそばに新しい製紙場を建て、製紙の本場の土佐から教師を聘《へい》して徒弟を養成したり、新発明の器械を入れたり、県下の農村に楮《こうぞ》、三《み》つ又《また》の栽培を奨励して廻ったり、文部省に納める紙も一手に生産して、東京や大阪を盛んに往復していた。また郵便局長として道路橋梁の改善にも尽力した。

浮世絵風の色白で面長の姉は、十六歳の時、一寸した風邪が元で肺炎になり高熱が出て衰弱して亡くなる。シゲが九歳の頃であった。

姉と違い色が浅黒く丸顔で活発なシゲは、津和野小学校では作文と算数が得意で、翻訳本のバルサックの「谷間の百合」などの講談本を読んでは、家の二階で友だち十人位を集めて芝居ごっこをして遊ぶようなませた子で、琴や三味線や踊りも習っていた。

倒　産　シゲが十歳の頃、明治三十三年（一九〇〇）、父の製紙業が倒産し一家離散となる。父は新事業計画の為に九州へ行き、祖母とシゲは慶應義塾大学を卒業して山陽鉄道会社に就職した、六畳二間三畳一間の社宅に住んでいる兄虎平《とらへい》を頼って広島へ行き、母ツルは津和野に留まり、奉公人二人とささやかな紙店を開いた。

シゲは広島で兄と相談して、英語を外国人から直接教わることができるキリスト教系の英和女学校に入り三年間学んだ。

上　京　兄の虎平が朝鮮統監府に転職することになり、明治三十六年（一九〇三）、兄妹は上京し、本郷の伯母（母ツルの姉）山本キクの家を頼る。その夫山本昌一は親切で時事新報社の幹部社員で人格者であった。

祖母は両親が一緒に暮らせるようになった津和野へ戻る。虎平は伯母の家に手伝いに来ていた伯母の姪との縁談がトントン拍子に運び、新妻と共に朝鮮へ出立し、十三歳のシゲは日本女学校（現・相模女子大学）へ転入する。最初は田舎訛りの発音やアクセントに引け目を感じ、着物や持ち物も、全て時代遅れでやぼったかったが、次第に田舎らしさもとれていった。

伯母夫妻の子供たちは独立しており、伯母キクは病弱で寝たり起きたりしていたので、シゲは学校から帰ると伯母の看護と台所仕事一切を引き受ける。

伯母の家では新聞を三、四紙とっていたので、「万朝報」の連載小説、ユーゴー作・黒岩涙香訳「噫《ああ》無情《むじょう》」や小杉天外「魔風恋風」、幸田露伴「天うつ浪」などを楽しみに読む幸せな女学生時代を送った。夫妻が芝居好きで、職業柄、招待券が簡単に手に入ったので、シゲは演劇界を身近に感じるようになる。

結婚

日本女学校を卒業した明治四十年（一九〇七）春、十七歳のシゲは四年間お世話になった恩のある伯父の勧めで、郷里・津和野の老舗（寛政十年（一七九八）創業）の薬種問屋「高津屋　伊藤博石堂」の、東京帝大薬学科を出た二十五歳の伊藤治輔と津和野で結婚式を挙げる。

シゲは七年ぶりに帰郷し、両親に会えただけで嬉しく、朝鮮統監府勤務の兄からは、二百円の支度金と紋付一重ねが届けられ、母許からは細々とした身の廻りのものや衣類の数々が届けられた。

夫の新薬開発の仕事を助けて東京の芝で暮らすことになったシゲは、近所の若夫婦のように睦まし気に出歩くことも、ゆとりある気分で語らうこともなく、いつも夫の仕事中心の潤いのない事務的で多忙な生活に追われていた。

明治四十二年（一九〇九）十一月には自由劇場の第一回試演が有楽座で行われ、イプセンの「ジョン・ガブリエル・ボルクマン」であったが、その公演に夫と連れ立って出かけたシゲは、そこで訳者でもある郷土の文豪森鷗外に挨拶し感激する。

出産

明治四十三年（一九一〇）八月三日、二十一歳のシゲは長男・佐喜雄《さきお》（後に作家）を夫の実家で出産し、三月《みつき》ほど一緒に暮らすが、夫からの「ビョウキスグカヘレ」の電報が届くと、姑から病人の看護をするのに子供は足手まといだと言われ、再び単身上京する。夫の病気はすぐに治ったが、新薬製造の仕事は挫折し、借金は増えて、ついに断念する。明治四十四年（一九一一）、麹町区内幸町へ転居して、夫の新事業の「薬学講義録」という冊子の編集と発送の出版業を手伝うようになる。

ノラ

夫は仕事以外目に入らない忙しさで飛び回っていた。明治四十四年十一月三十日シゲは、二月に完成したばかりの帝国劇場へ夫に内緒で購入したチケットで、夫が外出したあと一人で文芸協会第二回公演の島村抱月訳・演出のイプセンの「人形の家」を観に行った。

実業家の夫ヘルマーの愛情が、ただ人形を可愛がるようなエゴイスティックなものにすぎなかったことに気付いたノラは全てを棄てて家を出る決心をする。

狼狽したヘルマーは必死で止めようとする。

「おまえはまず、妻であり、母であるのだぞ」

それに対して、ノラは胸を張って答えた。

「わたしは何よりもまず人間です」

松井須磨子が演じたこのノラの言葉はシゲの心をとらえ、生き方に大きな影響を与えた。

夫治輔は出版業での借金が嵩み、北海道から九州まで長旅で家を空けるようになる。伊藤家には土地や財産があり、戸籍上の母登美は治輔の実姉で、養父利兵衛も一等丸を開発した人であったが、養子の治輔は事業の苦悩を両親に相談できない。

駿雄

大正二年（一九一三）、内幸町の目と鼻の先に治輔の遠縁の福原庄次郎一家が住んでいた。庄次郎は治輔と同じ島根県益田市生まれで益田警察署に勤務し、明治二十八年に、母、妻、一人息子を連れて津和野へ転勤し、明治三十年二月には一家で東京へ移り住んだ。その年の晩秋、一人息子の駿雄《としお》は三歳の時に生母ナミに置き去りにされていた。

二十四歳のシゲは自分より五歳下の、一中を出て一高を目指して浪人二年目の十九歳の文学青年の駿雄と、津和野に生後三カ月でやむなく残してきた息子佐喜雄を重ね、母性愛に似た感情を抱くようになる。夫はそのことに気付いているのか、尋ねることもできず、夫との溝は深まるばかりであった。

借金の返済で万策尽きた三十四歳の治輔と二十六歳のシゲ夫婦は、大正四年（一九一五）晩秋、東京に見切りをつけて、津和野へ帰る決心をする。

津和野へ発つ前日の十一月末の夕方、治輔の方から、御大典のニュース映画を観ていこうと言われる。緞帳が上がってモーニング姿の弁士の顔が浮かぶとそれは駿雄であった。弁士の名前を墨書した紙には、徳川夢声と記されていた。駿雄は進学を断念し活動写真の弁士になっていた。

帰郷

目から鼻に抜けるような賢い五歳の佐喜雄は意地悪な姑には甘えるのに、東京風の髪かたちや化粧や衣装のシゲに懐かず、「芝居に出てくるおかあ様だい」と言ってはみんなを笑わせた。佐喜雄の気持ちをひきつけることができないシゲは、たとえようもなく姑が妬ましく、悲しかった。

多趣味で近代的思想を持つ二十六歳のシゲにとっては、毎日ひとりで離れの六畳間に座り、縫物をする生活は堪らなく退屈であった。夫は毎日、薬局の中で黙りこくって薬を調合する。夫には文学趣味や芸術に対する愛好心は殆どない。シゲは結婚というものを呪った。このまま忍従してしまうという犠牲的精神と反抗心とが火花を散らして闘い、このままでは死んでも死にきれないという現状不満が段々募った。

毎日、十七人分の食事の世話と縫物と洗濯。夜になって、灯のとぼしい、薄暗い町並みを眺めていると、日に日に寂れゆくこの城下町と一緒に自分も老い朽ちてゆくような気がした。小さい町をぐるりと取り囲んだ山が、牢屋の塀のように思われた。こんな沼のような所で毎日毎日判で押したような生活をして、それで別に不平も起こらなさそうな町の人達をシゲは憐れみ軽蔑していた。

断髪

シゲは現在の境遇が煩わしく、嫌でたまらなかった。夫も親も子も財産もみんないらない。独りになりたい。東京へ行きたい。そして自由な生活がしたいという気持ちで胸がいっぱいだった。

　遂に、家庭に対する一切の適応性が根本から消え去り、「今日こそは、どうしても……」と、シゲは決意していた。シゲは実家である「山崎旅館」へ帰る。両親に「私、高津屋へは帰りません」と言うと、父は猛反対したが、母には同性のある種の共感があった。母は言った。

「そりゃ、女優になったって、何になったって、偉くなりさえすりゃよいけれどなあ。新聞に出とる須磨子みたようになあ。でも、お父さんが、とても承知してやるまいて」

　シゲは突然ある決意が閃き、風呂場へ行き、薄紅色の手絡《てがら》を付けたふっくらした丸髷の根から、ひと思いに元結《もとゆい》を切った。シゲの頭は大丸髷からざん切りの断髪に変わっていた。切り落とした髪を束ねて、紙に包んで離れに戻った。

　父は、シゲの決心が変わらないと知ると、巻紙に手紙を書いて、髪の包みと共に箱に入れて風呂敷に包み、それを高津屋へ届けさせた。夕方近く、突然、息子の佐喜雄が現われ、手を伸ばし手紙を突き出した。

「お父さまが、ハイって」

　シゲがそれを受け取ってからも、佐喜雄はそこに突っ立ったままでいた。父が横から手紙を取って、巻紙を開き、

「治輔さんからで、ぜひとも帰ってくれと書いとりんさる。髪を切ってもかまわん、伸びるまで頭巾をかぶって、部屋にひっこんでてもいいからと……」

佐喜雄の「文づかい」は、その後も数回にわたって町内の道を往復したが、シゲの決意は揺るがない。やがて治輔も和解を断念した。

大正五年（一九一六）十月十一日、伊藤家の親戚と三浦五郎兵衛が両人の代理として役場へ届け出た。その間もシゲは山崎旅館の一室にじっと逼塞した日々を送っていた。

旅　立

離婚成立から半年後の翌大正六年（一九一七）三月下旬、空が明るくなりかけた五時前にシゲは両親に見送られて家を出た。昨夜生き形見に母からもらった金の指輪をはめていた。父親が人目を憚って町を出る娘への心遣いから手配してくれた人力車で山口県の瀬戸内海に面した三田尻へ出て、そこから山陽線の汽車に乗って東京へ向かった。一年四カ月ほどの津和野での暮しであった。

女性記者

明治四十四年（一九一一）に開場して日の浅い帝国劇場で文芸協会の「人形の家」を観た二十二歳の時から、漠然と女優になりたいという気持ちが生まれていた二十七歳のシゲは、ひとまず南佐久間町の兄虎平の家に身を寄せたが、赤坂表町の易者の家の一階三畳間を借りた。兄虎平の友人の伝手《つて》で生活の為、「婦人記者」の仕事を見つけた。「青鞜」の賛助員であった長谷川時雨、岡田八千代などの女流作家たちが出していた同人雑誌の編集部で、給料は安いがシゲは喜んで引き受けた。「婦人記者」は名ばかりで単純な事務をさせられる毎日が続いた。

女　優

兄虎平は、女優になるためには松井須磨子もいて、更に兄の知り合いの中村吉蔵が幹部である芸術座を勧めたが、中村は元夫治輔と幼馴染でもあり、離婚した婚家と親しい中村が好意的であるはずもなく断念する。

次に帝劇女優を目指して、赤坂のローヤル館のローシーを訪ねるが稽古の厳しさに断念する。再上京して半年後、父三浦五郎兵衛が亡くなった。自分の離婚が父の心労を募らせ、命を縮めたのではないかと、シゲは身を引き裂かれるような悲嘆に暮れた。

大正七年（一九一八）二月末近く、シゲは誰の紹介もなく、「近代劇協会」の上山草人を訪ねた。上山から東北訛りのことばで動機を尋ねられたシゲは、子供の頃から芝居が好きで、文学に親しみ、そうした世界に憧れ続けていたことを告げた。近代劇協会では、月謝は払わなくていいが、一銭ももらえない。食費も交通費も自前である。上山草人と女優山川浦路は夫婦で、生活のために新橋で化粧品店「かかしや」を開いていたが、シゲは稽古のために毎日、「かかしや」二階の稽古場へ通いだして三ヶ月が経ち、「婦人記者」の勤めもやめていたので、蓄えも残り少なくなっていた。

蘭《らん》麝《じゃ》

第十一回公演の予定が六月五日から十日間、有楽座で生田長江訳の「ヴェニスの商人」と「犠牲」と決まる。シゲにとって初めての配役は、「ヴェニスの商人」のネリッサと決まった。ネリッサはポオシャ姫の侍女だが、五幕すべてに姫と共に出演して、台詞も多い大事な役である。シゲは研修生になって四カ月目でもう大役を得たのだ。近代劇協会の女優不足に感謝した。

公演まで一カ月、集中的な本読み稽古が始まった。上山から芸名をつけてやろうと言われ、同郷の森鷗外先生の「伊澤蘭軒」と「細木香以」から、正倉院御物の蘭麝待《らんじゃたい》の香木の麝香の香りが好きだというシゲの意見も取り入れて、伊澤蘭麝《いざわらんじゃ》に決まり、約文の公正証書の登記料三円と、切符も五十枚割り当てられ、貸衣装代もいる。その上、自分への花輪代が二十円もかかる。蘭奢は母からの生き形見の金の指輪を売って費用に充てた。十日間の公演は無事に終わり、新聞評は概ね好意的であった。上山珊瑚と伊澤蘭奢は有望な二女優と評される。七月末、母の仕送りに頼っていた蘭奢は、お金に困り、上山の紹介で、「中外」という雑誌の社長内藤民治を紹介され、編集部で働くことになったが、ここでもまた蘭奢はお茶くみと事務程度であった。

蘭《らん》　奢《じゃ》　近代劇協会第十二回公演が九月六日から十日間、有楽座で、演目はオスカー・ワイルド作・谷崎潤一郎訳「ウィンダミヤ夫人の扇」、谷崎潤一郎作「信西《しんぜい》」、ソログープ作・昇曙夢訳「死の勝利」と決まり、蘭奢は「ウィンダミヤ夫人の扇」のバーヴィック夫人と、「死の勝利」の魔女アリギスターの役を与えられた。この公演以降「蘭奢」を「蘭奢」に改める。

須磨子　島村抱月と松井須磨子を中心とする芸術座が新劇の先頭に立って人気抜群であった。故郷を去る前、母が「新聞に出とる須磨子みたいにねえ」と言った言葉。須磨子は蘭奢より三歳上だが、いつかあんな大女優と肩を並べられればと、一つの目標として意識していた。新富座で芸術座の「緑の朝」の幕が開く十一月五日の前夜十二時ごろ、島村抱月が芸術倶楽部で劇団員の誰にも看取られずにスペイン風邪をこじらせて亡くなった。須磨子が五日の初日の通し稽古で遅くなり、午前二時に住まいの芸術倶楽部に帰った時にはもう息がなかった。享年四十七歳。まだ正式な離婚ができていない抱月と須磨子であった。

抱月亡き後、二か月後の月命日、大正八年（一九一九）一月五日の朝七時半頃、須磨子が一人で寝起きしていた芸術倶楽部で、大島の紋付羽織姿で首を吊っているのを女中が発見した。享年三十二歳。坪内逍遥宛の、抱月と同じ墓に葬ってほしいと書かれた三通の遺書が残されていたが、叶えられなかった。芸術座では元旦から有楽座で「カルメン」と中村吉蔵の「肉店」で幕を開け、大入りを続けていた、公演五日目の突然の須磨子の自殺であった。カルメン役須磨子なしでは芝居は成り立たない。原因は抱月亡き後の芸術座運営の苦慮や抱月へのやみがたい思慕に駆られての後追い自殺との見方がとられた。

喪失

近代劇協会は、上山草人と浦路の渡米の為の資金稼ぎの為の「外遊記念劇公演」を最後に、幕を閉じることになった。初舞台から半年が過ぎた頃で、蘭奢は将来に不安を感じていた。

中外社の内藤民治から相談にのると言われ、四時に横須賀線電車の東京駅二等待合室で落ち合って、内藤が用事で出かける鎌倉へ蘭奢も同行した。羽織の上からショールを掛けただけで、寒さに凍えていた蘭奢はひざ下に当たる列車内のスチームの温かさにホッとしていた。

内藤は蘭奢になぜ家を出たのかと尋ねた。

「ただ、張りのない生活が耐えられなくなったから。たぶん、人生はたった一回だと考えたからじゃないでしょうか」

「うむ、君は勇敢な人なんだろうな。誰しもそう考えても、なかなかすべてを棄てて遣り直すことはできないものだからね」

蘭奢は婚家を飛び出して以来、誰からもこんな優しい言葉を聞いたことがなかった。その夜、江の島の宿で波の音を聞きながら二人は結ばれた。

新劇

蘭奢は、内藤民治の勧めで、大正八年一月の芸術座解散後の四月に、アメリカ帰りの畑中蓼坡《りょうは》が立ち上げた「新劇協会」に加わった。六月十六日からの三日間の新劇協会第一回公演には、有楽座でチェーホフ作・瀬沼夏葉《かよう》訳「叔父ワーシャ」四幕と、長田秀雄作「轢死《れきし》」一幕が上演され大成功をおさめた。舞台監督と演出が畑中蓼坡、蘭奢の役は、「轢死」のお定、「叔父ワーニャ」のエレナ夫人で女の役では主役か準主役に当たるもので、興行的にも黒字で、新聞評も好意的であった。

評論家兼劇作家の仲木貞一は「讀賣新聞」でエレナ夫人の蘭奢を「最も確実に板についているが、それが決して悪達者らしい傾向を帯びていないのは実に嬉しい事だ」と褒めた。

芥川龍之介も「我鬼窟日録」（大正八年六月十六日）に、「二幕目、四幕目殊に感に堪へた。聊《いささか》戯曲が書いてみたくなる」と記している。

こうして、新劇協会は、芸術座、近代劇協会が姿を消した後の空白の時期に刺激を生み出した新劇団であった。しかし、第一回公演が終わった後、座長の畑中と後援者の間にトラブルが起こり、新劇協会を閉鎖せざるをえなくなった。

蘭奢は花田偉子の主宰する国民座の公演に客演したが、しばらくは舞台から離れざるをえない状況に置かれた。その焦燥を埋めたのは内藤民治の愛だった。三十三歳の妻子ある民治は、大正八年

（一九一九）九月、大森近辺に適当な借家を見つけて蘭奢を移らせた。蘭奢二十九歳であった。

サイン

大正十一年春、松竹神田撮影所への入社の誘い話を民治が持ってきた。芸名を活動写真向きに旧姓に近い「三浦しげ子」として出演することを蘭奢は自分で決めた。これは津和野にのこしてきた息子伊藤佐喜雄への一縷《いちる》の望みを託したサインであった。

伊藤佐喜雄は母シゲが芝居や活動写真に出る女優だということは小学校に入って間もなくの頃から知っていたが、周囲の人々の沈黙にあって詳しい消息はわからずにいた。山口中学に入る時に戸籍謄本を見て、母の名が「シゲ」ということも知った。佐喜雄が三浦しげ子の存在を知るのは山口中学二年になった大正十三年夏の夕方であった。いつものように校則を破って上級生杉山と活動写真を観に行き、松竹の「噫無情《ああむじょう》」が始まる前のスクリーンにキャストの字幕が流れ出した。それを見ていた佐喜雄は思わずあっと声をあげた。「三浦しげ子」と名前があったからだった。

佐喜雄は激しい動悸を覚えながら、固唾をのんでスクリーンを見守っていた。するとヒロイン五月信子につかえる脇役をつとめる三浦しげ子が現われた。黒々とした大きな眸《ひとみ》が印象的で、鼻筋が通って彫りが深い。三浦しげ子が正面からこちらを見た時は心臓が止まりそうになった。

その後も、松竹作品の「狼の群」の中でも佐喜雄は三浦しげ子の姿を見た。先輩の杉山が手紙を書くように勧めたが踏み切れないでいた。新劇での母の芸名がわからない。

三浦しげ子と一緒に度々映画出演していた五月信子がその後松竹を辞め、「近代座」という劇団を率いて全国を巡業しており、山口の亀山劇場で公演することになった。午後には町の有志たちにより、五月信子を囲む歓迎茶話会が開かれ、今度も杉山に手を引かれて佐喜雄は会場内のテーブルを囲んでいた。杉山に促され、佐喜雄は五月信子に声をかけた。

佐喜雄は三浦しげ子が伊澤蘭奢ということを五月信子に教わった。また、手紙を届けてくれるということになり、寄宿舎へ帰り、手紙を書いて自分の写真一枚とともに付人の秋月弘子に白い封筒を託すことになる。しかし、母の手に渡るのは大陸大巡業の後だといわれ失望する。

三浦しげ子の名前で大正十一年春、松竹蒲田撮影所へ入社した蘭奢は翌年夏までの一年間に立て続けに十三本の映画に出演した。殆ど脇役であったが、堅実な演技力が認められ、難しい役がつぎつぎと割り振られた。

再興

畑中はしばらく映画製作に携わっていたが、国民新聞の後援を得て、念願の劇団を再興することになった。新劇協会第三回公演として、プリュー作・佐々木杢郎《もくろう》訳「デュポン家の三人娘」をすることになったが人が集まらない。蘭奢も昔の仲間との暗黙の協定を感じて辞退する。

大正十二年（一九二三）九月一日、相模湾を震源地として発生した関東大震災が関東地方を中心に大被害をもたらした。蘭奢も民治も無事であったが、大森の借家が震災で壊れたので、蘭奢は十月から芝区御成門で再び間借り暮らしを始める。

畑中の第四回新劇協会の公演の為に蘭奢は説得され、松竹撮影所の了解を取り、新劇に戻ることになった。畑中は震災後のこの年にもう一ぺん芝居をやるという決意で、十二月二十一日から三日間、渋谷道玄坂の九頭竜女学校講堂を借りて、演目は、J・M・シングの喜劇、松村みね子訳「西の人気男」と、ストリンドベリ作・小山内薫訳「犠牲」と決まり、以前のように奥村博史のアトリエや畑中の自宅を使って稽古が始まった。畑中が演出と主演を兼ね、女優は蘭奢が筆頭で「西の人気男」では後家クイン、「犠牲」では長女アデエルを演じた。小さな劇場であったが、震災後初めてといえる新劇の舞台だったので、新聞も好批評であった。「讀賣新聞」には、「蘭奢君の顔には中世記風の品がある。この人は柄もあり、顔立ちも良いが、身体にまだ味が足りない」と評された。

母親

蘭奢は一人暮らしの六十二歳の病気がちの母を東京へ引き取るために、麻布区笄町《こうがい》の二階二間の借り間へ転居した。兄虎平が津和野まで迎えに行ってくれた。年が明けての東大病院での検査で癌と判明し手術が行われた。蘭奢は稽古の合間を縫って、毎日見舞いに行った。

大正十三年一月十日から十二日まで、新劇協会は、仙台座でチェーホフ作・米川正夫訳「熊」と、「西の人気男」「犠牲」を上演した。蘭奢は「熊」の若き地主未亡人ポポワを主演した。二月、震災を免れた帝国ホテル演芸場で新劇協会が、「西の人気者」と「犠牲」を再演し、新聞では、「西の人気者」の後家クインは蘭奢の当たり役の一つとなったと評された。まだ帝劇が復旧しない五月、新劇協会五周年記念公演として、帝国ホテル演芸場で「桜の園」の上演が決定した。むずかしい作品でもあり、特にラネーフスカヤ夫人の性格的魅力が舞台を決定する大きな要素だと言われ、蘭奢が起用された。

桜の園

大正十三年五月二日、「桜の園」の幕が開いた。長いドレスを着て帽子を手にしたラネーフスカヤ夫人の蘭奢が一幕目の途中から登場すると観客の熱気のこもった視線を肌で感じ取れた。五日間の公演は大成功をおさめた。演劇評論家の八田元夫も芥川龍之介も絶賛した。そして何より、須磨子にはまだ及ばないが、帝国ホテル演芸場の真新しい舞台で主役をつとめられることを母はことのほか喜んだ。

大正十四年三月十二日、ＪＯＡＫがラジオ放送を開始した。活動写真の弁士徳川夢声（福原駿雄）の声が時々ラジオから流れるようになり、蘭奢も秋にはラジオドラマに参加し始めた。

母ツル

六月十二日、娘蘭奢の活躍を見届けながら、母ツルが東大病院で亡くなった。昨年手術を受けた後、一時退院して蘭奢のもとで養生していたが、この五月から再入院していた。

葬式は東京で済ませ、兄が遺骨を津和野へ持ち帰った。蘭奢は、頭の骨を少し分けてもらい、小さな骨壺に入れて、自分の部屋の床の間に置いた。「桜の園」の稽古中に卒倒して以来、疲労が重なると時々気を失いそうになる。そんな夜は、骨片を砕いて、口に含み、「お母さん、護ってください」と声に出して、一息にのみ込んだ。その後は、母の骨を砕いたものを小壜にいれて持ち歩き、ひどく疲れた時などに、少しずつ口に入れるようになった。

大正十五年、新劇協会第十一回公演が帝国ホテル演芸場で一月十五日から始まり、ストリンドベリ作・山本有三訳「死の舞踏」と菊池寛作「真似」の二作が上演され、以後、八月二十七日から十日間に延長された第十五回公演まで、新劇協会は帝国ホテル演芸場で立て続けに五回の公演を行い、蘭奢は俳優の中で連続最多出演であった。主な演目は、横光利一作「男と女と男」、高田保作「公園の午後」、正宗白鳥作「歓迎されぬ男」「最後の女」、谷崎潤一郎作「本牧夜話《ほんもくやわ》」などであった。

菊池寛が大正十二年一月に文藝春秋社を創立して「文藝春秋」を創刊していた。そして、大正十五年、新劇協会を後援して、創作劇の発展に力を注ぐ決意をしていた。これ以来、新劇協会の稽古は麹町区下六番町の有島武郎邸の中にあった文藝春秋社の一部の部屋を稽古場に提供してもらえることになった。

菊池寛

佐喜雄

蘭奢は山本嘉次郎監督の「雲」の撮影が昭和二年（一九二七）三月十日すぎから始まり、高松プロダクションの新子安スタジオへ通い始める。そこで、五月信子の弟子だという秋月弘子から、蘭奢は三年前の大正十三年（一九二四）に、十四歳の伊藤佐喜雄から預かったという白い封筒の手紙を渡された。手紙と写真を胸に抱いて、蘭奢は嗚咽した。佐喜雄からの便りが届いたのだ。私を「お母さん」と呼んでいた。この世にこれ以上の望みがあっただろうか！　恨みがましい過去の回想とか、あるいは感傷的な甘えのことばなど、どこにも見当たらなかった。簡潔に自分自身を紹介し、現在抱えている悩みや問題を語っていた。その率直さが、蘭奢の心を次第にいいようもなく晴れやかにした。

蘭奢は長い年月、佐喜雄に呼びかけたくても、それを自分に許さなかった。ところが、佐喜雄のほうでも、長い間「母」からの呼びかけを待ち望んでいたという。そして、佐喜雄は蘭奢のサインを的確に受け止めてくれていた。蘭奢は十七歳の佐喜雄に感情を抑え、冷静に語りかけるように返事を書いた。返事に宛名を書いて投函するために真っ暗な道を歩き始めると、無上の幸福感と、いいようのない自責の苦悩との両方が胸に押し寄せてきた。二人の文通が始まった。そして、蘭奢は八月二十五日、ハママツマデコラレマスカ、と電報を打ち、京都の佐喜雄に逢いに浜松駅へ向かい、佐喜雄と一夜語りあった。十年ぶりの再会である。そして、数日後には、また手紙が届いた。

昭和二年（一九二七）九月、名古屋新聞社後援で公演があり、帰京すると帝国ホテルでの公演がある。

マダムX

年末から新劇協会は「マダムX」の稽古に入った。アレキサンドル・ビュイッソン原作の「マダムX」は、フランスの女優サラ・ベルナールが主演して好評を博し、彼女の当たり狂言とされた戯曲である。

そのストーリーは、ヒロイン江藤蘭子が、福田という前科数犯の男の情婦になって、二十年ぶりにシンガポールから日本へ帰り、横浜のうらぶれた旅館に投宿した。蘭子には悲惨な過去があった。もともと上流家庭に生まれ、三万円の持参金付きで裁判官堀輝雄に嫁いで男の子を生んだ。が、夫は書斎にこもりきりでまったく妻を顧みない人であったため、寂しさに耐えかねて夫の友人と過ちをおかし、家庭を追われる破目になる。堀は検事総長に昇進していた。蘭子の前夫の地位と、三万円の持参金が残されていることを聞きつけた福田は、堀を脅迫して、その金を奪おうと企むが、蘭子はそれをやめさせようとして争い、ピストルで射殺してしまう。殺人罪に問われて法廷に立った蘭子の弁護人は、一子堀麗吉であったが、お互いにそのことは知らない。被告人蘭子は自分自身のことは一切語らない。話せば夫や息子の名誉を汚すからで、そのために謎に包まれた被告人Xであり、「マダムX」というタイトルに由来する。

「マダムX」の蘭奢は絶賛され、入りもよくて大成功をおさめた。

昭和三年一月、十日間の帝国ホテルの演芸場での講演を打ち上げた後、一カ月置いて、三月一日から、浅草公園劇場で「マダムX」の再演が決まった。
「マダムX」の大阪公演も決まり、それを佐喜雄に見せることの懼《おそ》れと期待に悩むが、その公演を前にして、蘭奢は、昭和三年六月七日に脳出血で倒れ、翌八日、三十八歳の生涯を閉じた。
伊澤蘭奢は松井須磨子亡きあと、築地小劇場の女優たちが花開くまでの約十年間、新劇界を支え、華やかに燃え尽きた。

（作　家）

参考文献

鷹羽司編『素裸な自画像』（「伝記叢書319」大空社、一九九九）
伊藤佐喜雄著『花の宴』（ぐろりあ・そさえて、一九三九）
伊藤佐喜雄著『春の鼓笛』（講談社、一九四七）
尾崎宏次著『女優の系図』「伊沢蘭奢」（一九六四）
福田清人著『福田清人著作集』「重い鎖」（冬樹社、一九七四）
戸板康二著『物語近代日本女優史』「伊沢蘭奢」（中央公論社、一九八〇）
夏樹静子著『女優X　伊沢蘭奢の生涯』（文藝春秋、一九九三）
海野弘著『運命の女たち』「マダムXの愛と死」（河出書房新社、一九九四）

伊澤蘭奢伝――伊澤蘭奢著『素裸な自画像』について――

槌賀七代

伊澤蘭奢の死後、約一年後に刊行された遺稿・追悼文集である。自伝的エッセイに加え、三十人余りの追悼文や追悼エッセイが添えられている。蘭奢への多方面からの思い出や印象からたち上がる「人間像」が浮き彫りにされるに止まらず、当時の女性の自立の問題を内包した近代日本人の自我の問題、さらには当時の演劇界の状況や雰囲気を知る上でも貴重な資料と成り得ている。

宮本瑞夫氏によると蘭奢のパトロンの内藤民治に依頼され、福田清人が編集し、まとめたものだと言う。(「女優Xと福田清人―伊澤蘭奢という女優―」『福田清人・人と文学』所収、二〇一一、鼎書房)その文献としての貴重さを紅野敏郎氏は「周辺の人による追悼の文は、ずば抜けて興味深い」とされ、『遺稿集連鎖―近代文学側面誌―』(紅野敏郎著、二〇〇二、雄松堂出版)に、次のような『素裸な自画像』初版本の紹介をしている。

四六版、角背、厚表紙、函あり、三二五ページ、定価一円六十銭、「昭和四年五月十日」刊行。

編者は鷹羽司、発行者は饒平名《よへな》智太郎（牛込区市ヶ谷田町三丁目二二）、発行所は世界社（饒平名と同住所）。この本の装幀は、ＴＯＭの署名があるので、村上知義。（中略）表紙と函とは、同じく斬新にして、大胆な意匠。本扉も凝っている。さらに本人の写真、舞台写真、仲間たちとの写真、本人の筆蹟を示す原稿など一〇ページが添えられ、鷹羽司の「彼女の生涯」が九ページ。目次は「幼児の思い出」「人妻の危険時代」「ノラの実演」「女優志願」「鎌倉の一夜」「インク消し」「愛の巣」「火粉の彩光」「匿名の艶書」「傷つけられた恋愛」「旋風」「叛逆」「異国人の魅惑」「国事犯か」「母性は悩む」という十五の表題より成り立ち、それぞれの章は、ペン字凸版という構成。

今、手に入る大空社版一九九九年三月刊（大空社伝記叢書319）と、内容はほとんど同じだが、この復刻版には「蘭奢の人と芸」の項目の正宗白鳥著の「生活を身に現はしてゐた」が「著作権継承者の意向」により収録されなかったらしく、二ページ分が空白になっている。

紅野敏郎が「文壇、演劇関係者のこの豪華な顔ぶれ。文字通りみごとな遺稿・追悼文集足り得ている」とされる「蘭奢の人と芸」のそれらは、次のごとくである。

日本のスミルノワ（秋田雨雀）／「酢豆腐の一件」（谷崎潤一郎）／喪服の人形（岸田国士）／巫女のやうな聲（池谷信三郎）／その「クレオパトラ」の役（前田河広一郎）／鼻の穴（徳川夢声）／愛は包む（近江葭三）／私の「お母さん」（水谷八重子）／研究生時代（明石潮）／最初で最後の臺詞（福田清人）／臭味のない女優（上村英生）／明眸は鋭し（石榑史郎）／蘭奢への手紙（鈴木善太郎）／反芻した乳の匂ひ（遺児・伊藤佐喜雄）／「生き残ったのは寂しい」（水谷竹紫）／二時間前の絶筆（田中

運蔵）／「牝鶏」の小ぜり合（花柳はるみ）／虚偽のない人（新妻伊都子）／「マダムX」を見る（安部豊）／弱氣（佐々木孝丸）／主觀化の演出（仲木貞一）／イヂヤラン山（林千歳）／安英嬢と彼女（高橋邦太郎）／不合理だ！（村山知義）／才能と感じと（關口次郎）／い、年配の女優（高田保）／石州氣質の現れ（中村吉蔵）／年齢からくる心構へ（小寺菊子）／生活を身に現してゐた（正宗白鳥）／骨を食べる（八田元夫）／戀愛ランデヴー（柳とし）／蘭奢フロニカ

夏樹静子氏はその著書『女優X　伊沢蘭奢の生涯』において、この項目の最後を締める「蘭奢フロニカ」は蘭奢の内縁関係にあり、最後まで蘭奢の枕頭にいた内藤民治がまとめたものだとしている。

確かに、これらを読むと、当時の演劇界の状況や雰囲気が感じられ、さらにそのような状況の中で蘭奢自身が書いた「素裸な自画像」、紅野氏によれば「素裸」になっていないとの指摘はあるにしても、一介の主婦であった一人の女性がどのようにして、どのような「女優」になっていったのかという経歴に沿った告白文とが相俟って、見事に一人の女性像が浮かびあがる。

「蘭奢の人と藝」と題された追悼文は、まず劇作家・詩人・童話作家・小説家である秋田雨雀の文章から始まる。

雨雀は、蘭奢を「お母さんのやうな女優」と評し、その意味を「次の時代を産む母體のやうな氣がされた」からだとしている。

このような見解は、後にかかれている劇作家の高田保の「彼女も亦新時代の女性である」というもの等々数種あり、蘭奢に対する見解の一つの特徴となっている。高田はその原因を次のように分析

する。

「謂ふ處のモダン・ガァルになるにはあまりに落ち着いた趣味と教養とを受けてしまつてゐる。古風な日本の傳統に即してしまうには、早くも餘計な自我的な觀念に眼を覺してしまつてゐる。」

ここには、当時の日本における女性の変化と状況の問題があるというのである。しかし、それゆえの蘭奢の魅力が浮かび上がるようにも思える。

追悼文を順にみてみる。

文豪、谷崎潤一郎は「蘭子さんは女ながらも正道を踏み、草人が去つた後の東都の劇壇に進出して立派に地歩を築き上げた。（略）後年の彼女は全く彼女の獨力を以て立つたのである。」と記す。

劇作家・小説家・評論家・翻訳家・演出家である岸田国士は「少女のやうなはにかみ方で」「『日本娘』伊澤蘭奢の傳統的コケツトリがあつた」と評し、彼女は「モダン・マダム型の代表でもなく」「下町風の世話女房型女優でもなく」「明治家庭小説式色つぽさによつて大衆に迎へながら」それが蘭奢の芸術的本領ではなく、実は「平凡で、地味で、深く惱みを藏する過渡時代の女性」とする。

一九二五年、村山知義、河原崎長十郎らと劇団「心座《こころざ》」を結成した小説家、劇作家である池谷信三郎は「優れた理性と感情が、全く奇妙に調和されてゐる」との印象を述べている。

初期プロレタリア文学の作家として、徳富蘆花に師事した前田河廣一郎は蘭奢の印象を「眼の大きな、顔に雀斑のある、輪廓のはっきりした」「無口な、物を言ふごとに何かしら藝術的な昂奮を伴なつたやうな、一種の語尾に押韻をするやうな話振り」をする女性であったと言う。

又、蘭奢とその初期からいろいろに関係のあった徳川夢声はその初対面の印象を「眼が美しい、聲がよろしい」「横を向いた時の鼻が非常に美しい線をしてゐました」「如何にも樂々と、健康な呼吸の出來さうな鼻の穴――私はこの鼻の穴に好意を感じました」と記す。

近江葭三は「母のような愛で包むように若い人々を見た。（中略）その愛は、人間味は、人情は、彼女の立場離合集散つねなき劇團には、人物として必要なものであったろうが、彼女の藝術にはかなりの障碍にもなつてゐたろうと思はれる。」と、時代の中で生きる彼女の資質と立ち位置に彼女の苦悩を見て取っている。

若い水谷八重子は「舞臺では前後二回ともお母さんになつて頂いたので、何んだか個人としてもお母さんのやうな氣がしてなりません。何だか甘えて居たいやうな、我儘をさせて頂きたいやうな氣がしてならないのです」と言う。

又、上村英生も「蘭奢の特長は又その社交性にあつたと思ふ。彼女は善き友であると共に、若き人々にとつては又姉であり叔母でありそして或いは又慈愛深き母でもあつたのである。一人の女性が多くの男性にとつてかくも様々な場合になり得るであろうか。かういふ女性はさうざらにあるものではない」とする。

一緒に初舞台を踏んだ明石潮は「当時は奢ではなく麝と書いていたと覚えて居る」と回想しているが蘭奢フロニカでは「井澤暁生」の名で舞台に出ていたとされている。

小説家・劇作家、翻訳家の鈴木善太郎は当時の演劇界の変遷の中での女優の位置づけと蘭奢の登場に関して「女形」は「その不自然な性的欺偽を以てしては、現代人の興味をつなぎとめる事が出来ないのである。」とし、「女優は女形に代つて、今より一層廣く、一層本質的に、舞臺を征服しなければならない。」としている。しかし、ある種の女優は荒廃したとし、一方、その点、蘭奢に対しては「あなたの演技の中に輝くあなたの精神的な活力が、舞臺の上に凱歌を上げる時、あなたはあなたの靈魂の彫刻家のやうにさへ見える。」と絶賛する。

劇作家、演出家、編集者で、第二次芸術座の中心人物として活動した女優の水谷八重子の義兄である水谷竹紫は、「私が一身を賭して取りかゝつた藝術座の仕事も既に五ヶ年の歳月を過ぎ、漸くどうやら目鼻もつきかゝつていざこれからと云う場合、今後の計畫については廣く人材登用と云ふ點にあつたので、伊澤君こそは私の意中の人であつたのです。（略）氏を擁して我が藝術座否日本の新劇團をより大ならしめやうとの期待をもつて居たものです。」と当時の蘭奢の存在価値を認め、開祖文芸協会以来、そこから分派した劇団に共通の精神として、既成劇壇の圧倒と征服、革新のために蘭奢を頼みにし、それ故にも、その死を、精神的には両腕を、肉体的には隻腕を失ったと、その死を悼む。

前田河廣一郎と在米社会主義者団以来の親交により、「文藝戦線」同人として著述業をしていた社会主義運動家だった田口運藏は、蘭奢の卓越した英会話力を証言し、彼女が女優であることが考えられなかったと言う。しかしよく考えればと「Nのマダム振りを自然的に表現して日露外交の新舞臺で見事にひと芝居打ち上げた」のだからと、その演技力を賞嘆する。

また、当時の新劇の状況を「新劇協會は資金に困つてゐた。それにつけ込んで他のブルジョア劇團からさそいの魔手は常に彼女の身邊をとりまいたらしいが、彼女はその方面には見向きもしないでゐた。」とし、「この點ばかりでも、世にいやしく見られてゐる日本の女優界にあつての尊い個性の所有者であつた」とする。さらにまた、「蘭奢が世俗の女優が持たない特異な個性をプロレタリア、カルチアへと方向轉換せんとし始めた刹那に我々は彼女を失ふた。『新劇協會は何處に行くか』とさへ言はれてゐる。」と当時の演劇界の様子も語る。

職業婦人運動家として活躍していた新妻伊都子は「女優の生命は短いとよく云はれる言葉だが、蘭奢氏のは年とともに益々よくなつて來た。（中略）女優として、又人間として、此人程眞實味のあふれた人は、他にあるまいと云つても過言ではなかろう。」とし、新劇協會が窮地に陥った時「なかなか弱らぬ蔘坡氏さへ匙を投出さうとした時、自分一人でもやるから看板を呉れと、云つて蔘坡氏を励ました程の彼女だつた。」とその存在の重さを語る。

事実、伊澤蘭奢の急死後、畑中蔘坡は新劇協会を解散。畑中は前年に新劇協会入りした清水将夫とともに新国劇に参加することになる。

明治・昭和時代の演劇評論家編集者の安部豊は、「新劇協會はよく公演を續ける。文藝春秋社經營謳ふけれども有名無實とのことである。何處から資金を得るか、感心……といふより寧ろ不可思議である」としながらも、蘭奢の演技に対しては、「その動作や技巧が鮮かで、觀衆は殆ど魅せられた位に緊張したやうであつた」と当時の様子を記している。

演出家・俳優として先駆座、前衛座、東京左翼劇場に参加し、プロレタリア作家であり、演出家、劇作家、戦前のプロレタリア演劇運動の中心人物である佐々木孝丸は、蘭奢は「不遇」と評されるが決してそうではなく、「それは『新劇』そのものが不遇であるといふ意味に於てだ」とし、蘭奢に対しては、「新劇専門の女優で、あすこまでポピュラリティーを有ち得たのは、決して『不遇』ではない」というように評価は高い。

蘭奢の当たり役『マダムX』を書いた仲木貞一も「世間に、女優の數は無數にあるけれども、母性愛を示し、世帯の味を上品に表現し得る女優は、殆ど今まで一人も無かつた」と蘭奢を評価し、その「一體全體主觀する演出法は偽らないところにその特色があつた」としている。

プロレタリア演劇運動で戯曲、演出などで活躍する村山知義は、新劇協會公演を三度見たが良くなかったとし、その原因は蘭奢に在るのではなく「新劇協會そのものが駄目だつたのだ」としている。そして「私は悪評を口や筆にのほせた。さうしながら私は蘭奢を非常に惜しんでゐたのである」と述べ、「彼女の道具立の大きく美しい顔や、堂々とした恰形、確實なセリフ廻しや、特長のあるしぐさは、彼女以外の條件がもう少しよければ彼女を恐らく驚くべき立派な女優にし」「私は男の俳優を壓倒して、劇場全體に響き渡る叫喚をして、舞臺一杯に乗り出して來るやうな女優がほしくてならない。日本の女優とは極めて縁の遠い型である蘭奢には、さうなり得る素質があると私はしかし確信してゐた。しかも彼女には繊細な柔らかなロココ式の線もある」とし、新劇協會は「寶の持ちぐされ」だとさえ記している。

大正から昭和にかけて活躍した劇作家の關口次郎は、蘭奢の印象を「癖らしい癖のない」「感情が自然で細かく、いかにも聰明」らしく、「殊に、あの臺詞の調子の、なだらかで濕ひがあり、しかも極めて明瞭なこと」を挙げている。

さらに、「多くの新劇女優が轉々として移り變る中に、公演數も少ない新劇協會に終始その節操を見せてゐるのも、何となくいゝ感じを與へてゐる。」とし、当時の演劇界の動向を彷彿とさせている。

蘭奢の雰囲気については、繰り返すことになるが、先述したように劇作家の高田保が「彼女も亦新時代の女性である」とし、「謂ふ處のモダン・ガァルになるにはあまりに落ち着いた趣味と教養とを受けてしまつてゐる。古風な日本の傳統に即してしまうには、早くも餘計な自我的な觀念に眼を覺してしまつてゐる。」「で自然彼女の性格はかなり複雑して多面的である。（中略）彼女のやうな事情は屢々人をして人生のよき理解者たらしめるであろう。けれども結局人生のどの道へも端的に直入せしめる事が出來ない。この嘆きは恐らく今日のインテリゲンチャの溜息である。」との見解を述べ、その印象と共に、当時の女性問題の根源的問題にふれ、「彼女の弱みはこゝから出立し、彼女をして時々舞臺の上に立ち竦ませるものとなるのではないか。つまり彼女の趣味がそれを阻め彼女の教養がそれを遮るのである。」とする。

作家の小寺菊子は「世間的の派手な劇團でなく新劇協會のやうに、最も藝術的な集團の中に交つて、物質的には一向恵まれず、それでゐて常に汗みどろになつて眞摯な努力をつゞけてゆかなければならない境遇にゐた蘭奢を、心から敬愛してゐました」と記す。

このように並べてみると「蘭奢」という人の様子が、その雰囲気が彷彿としてくるようである。この自伝書の真の意図はそこに在るように思える。愛人としての内藤民治が目論んだのはそこにあったのではないだろうか。愛する人の姿と魂を再現したかったのではないかということだ。多方面からの証言から立ち上がってくるもの、それがその存在を死後も彷彿とさせるのである。

しかも、その問題は、当時の女性問題にも深く関与し、読む者を時代の深みに触れさせている。

伊澤蘭奢、本名三浦シゲ。明治二十二年（一八八九）島根県津和野町後田の紙問屋三浦五郎兵衛の次女として生まれる。彼女は『素裸な自画像』として、自分の生い立ちや経歴を年代順に詳しく記す。

実家は五代続いた紙問屋で明治十九年には文部省から小学校教科書の用紙として抄造の命令が出たほどの家業であった。しかし、明治三十三年、父の製紙業が行き詰まり、恵まれた生活は終わり、一家は離散。シゲは兄を頼り、広島に祖母と転居。現在の広島女学院の前身である英和女学校に入学。その後、兄と上京。母の姉である伯母を頼り、兄の結婚を境に伯母夫婦と同居。十四歳のシゲは、現相模女子大学の前身である日本女学校に転入。

伯父は新聞社の幹部であり、夫婦ともに芝居好きであったことがシゲを演劇界に近づける。日常的に夫婦の会話に演劇界の話題が上り、耳学問としてシゲの記憶に残ることになる。

卒業と同時に結婚。相手は故郷である津和野の「高津屋伊藤薬局」の一人息子で東京帝大薬学科教室を卒業したシゲより七歳年上の伊藤治輔である。大家の跡取り息子であった。〈こうした問題に對して女が何か言ふことが大變惡いことのやうに考える因襲觀念が潜在し〉〈只何となく夢の世界にでも引入れられるやうな氣持ちでと彼女は書いている。そして明治四十年の春、式は津和野で挙げられ、東京の芝に新居を持つ。

その生活は夫の仕事を中心とし、彼女の言葉を借りるなら〈ゆとりある氣分で語らふこともなく〉〈事務的な潤ほひのない、そして多忙な〉日々であったと言う。そのような日々、明治四十三年、長男誕生。後に作家となる「伊藤佐喜雄」である。しかし、夫の発病のために子供を津和野に残し上京。〈子供への愛から引離されたわたしは、その後は多忙だけでは到底紛らし得ない深い〳〵寂寥感を持たされるやうになりました。〉と彼女は書く。夏樹静子氏は、この「深い寂寥感」を、蘭奢は生涯持ち続けたのではないかとされている。

その後事業に失敗した伊藤は不在がちになり、蘭奢は読書三昧の生活の末に不倫。夫妻は津和野に帰ることになる。しかし、津和野での生活に耐え兼ね、シゲは婚家を飛び出す。この行為に対し、蘭奢が我慢のない、身勝手な、身持ちの悪い女性だったと言う判断を持つのは、当時の離婚率や子供に対する当時の常識を理解していない故だと言えよう。男子は家の物であり、明治期の離婚率は現在の三倍以上だったのだ。

そして女優を目指し上京。二十九歳であった。

島村抱月や松井須磨子への紹介状を持ちながら、何故二人のところへ行かなかったのかは明確には書かれてはいないが、「六感神経のはたらき過ぎる」という言葉を使っているのでなんとなくだったのだろうか、謎である。ただ、それは結果的に良かったらしい。大空社版の解説者である山下武氏は次のように述べる。

一面識もない上山草人の近代劇協会へ飛び込んだのは賢明な選択だった。知人から紹介状をもらった抱月と須磨子を訪ねていれば、須磨子の陰にかくれ、あるいは女優としての彼女の才能は開花を見ずにしまったかもしれないからである。

そして、N氏（内藤民治）に出合う。〈Nから励まされて、自分の藝術の球根を培ふために丹精しました〉と書いているように、蘭奢に欠けていた「教養」、論理的思考や世界観、人生観の基礎となるべき知識を彼から教えられ、吸収していく様子が理解できる。蘭奢が「新しい時代の女性」となったのはその基盤に広島女学院の前身である英和女学校での教育や現相模女子大学の前身である日本女学校で学んだことがあったであろうとは想像するが、それを人生に繋げたのはN氏であったと言えよう。

そのN氏により、人間関係が広がり、多くの経験をし、世界が広がる。また、残してきた我が子への思いも彼女に深みをもたらす。蘭奢は次のように言っていたと上村英生は記す。

『「俳優は藝ばかりじゃない。人間としての修業を怠つてはならない。」（中略）「とに角私達は、一般の世間の人達と同様に人間苦を、生活苦を、社會苦を充分に味ひたい。そしてその人達と同じ惱みを負ひ、同じ刺戟を感じて共に啓發されて行く事を願つてゐるのである。」と。彼女の尊い處ではあるまいか。』

このような蘭奢の姿を彷彿とさせる見事な遺稿・追悼文集である。

（大阪女学院大学特任講師）

参考文献

鷹羽司編『素裸な自画像』（「伝記叢書319」大空社、一九九九）
宮本瑞夫著「女優Xと福田清人―伊澤蘭奢という女優―」（『福田清人・人と文学』所収、鼎書房、二〇一一）
紅野敏郎著『遺稿集連鎖―近代文学側面誌―』（雄松堂出版、二〇〇二）
夏樹静子著『女優X　伊沢蘭奢の生涯』（文藝春秋、一九九三）

伊澤蘭奢をめぐる人々

伊藤佐喜雄

唐戸民雄

伊藤佐喜雄は「コギト」「日本浪曼派」両誌の同人に名を連ね、「白い葬列」「花の宴」「面影」「春の鼓笛」などの作品で知られる小説家だ。明治四十三年（一九一〇）八月、島根県の山あいの町津和野に生まれた。父は伊藤治輔、母は茂、佐喜雄は長男である。伊藤家は代々薬種問屋を営む素封家で、嘗て津和野藩の典医を務めた森家（森鷗外の生家）と懇意であったと聞く。茂の旧姓は三浦。実家は紙の製造販売を手がけ、一時は工場なども持ち羽振りも良かったが、茂が幼少の頃に家運が傾き、一家は離散する。改めて言うまでもなかろう。三浦茂は後の伊澤蘭奢その人である。大正期の新劇界を担い、観衆を魅了した妖艶な女優だ。つまり、佐喜雄は蘭奢の一人息子なのである。しかし、入り組んだ不幸な事情が重なり、生母を殆ど知らずに育つ。当然、子は母を希求する。母のいない寂しさが少年を突き動かす。佐喜雄を母探しの旅へと駆り立てる。そうして、漸く願いが叶い、本当の意味で心を通わせた母子としての時を温めるのは十八年の歳月を待たねばならなかった。

佐喜雄は母蘭畬に三度捨てられた。「捨てられた」という表現は適当ではないかも知れぬ。が、理由は何であれ、母との哀しい別れを三回経験したという意味だ。

女学校を終えた十九歳の蘭畬は伊藤治輔と結婚し、二十一歳の時、夫の生家で佐喜雄を産む。無邪気な嬰児の笑顔を見つめ、日毎の生長を喜び、母になった幸せに浸っていたところへ、東京から夫の病気を知らせる電報が届く。

その時姑が『病人がいては子供は足手纏ひになるから置いて行つたが好い』と言ふのでした。わたしの唯一の慰めを奪はれるやうな気がして反対したのですけれども、子供を持つたことのない姑が自分で育てゝ見たくてしやうがなくて、たつてと言ひ張りますので、厭々ながら姑の手へ委ねることになりました。

（伊澤蘭畬『素裸の自画像』）

姑が嫡男の佐喜雄を手放したくなかったのは我執のみからではなく、後継ぎが産まれず養子を迎え家系を繋いできた伊藤家の複雑な家族構成に因るものもあった。蘭畬はやむなく乳呑み児《ちのみご》を残し単身上京する。けれども、愛児と引き裂かれた「寂寥感」は何ものにも変え難く、決して癒やされることはなかった。勿論、赤子の佐喜雄が姑と母との遣り取りなど知るはずもない。生を受けてから三ヶ月、佐喜雄は母と同じ哀しみを背負うこととなった。母との一度目の別れである。

祖母の愛情を一身に受け、佐喜雄は成長し五歳になった。腕白盛りである。東京での事業に破れ、治輔は蘭畬を伴い自家へ戻って来た。この時、幼子は初めて母と対面する。洗練された都会の雰囲気を身に纏う母に向かって佐喜雄は云う。「芝居に出てくるおかあ様だい」と。愛しい我が子との暮らしを楽しみにしていた蘭奢はこの一言に打ちのめされ、深く傷つく。耐えに耐えてきた気持ちがふっりと切れた。

わたしは、もう〳〵、現在の境遇が煩はしく、厭はしくてなりませんでした。夫も、親も、子も財産もみんな要らない、独りになりたい、東京へ行きたい。そして自由な生活がしたいといふ念願で胸がいつぱいでした。（同前）

索莫とした東京での生活、理解のない夫、佐喜雄を巡る姑との確執、帰郷してからの張り合いのない退屈な日々に辟易し、蘭奢はそれらの全てに自ら終止符をうつ。治輔との八年に及ぶ結婚を解消し、息子を捨てた。佐喜雄にとっては母との二度目の別れとなる。蘭奢は断ちがたい佐喜雄への思いを胸中に秘めながらも、振り返らない。己の可能性を信じ、女優の道を行くことを決意する。

津和野で小学校を修《お》えた佐喜雄は山口県立山口中学校に進む。郷里を離れ暮らすなかで多くの友人たちと交わり、文学を始めとする芸術や哲学・思想などに触れ、少年は次第に自我に目覚めていく。ある夜、映画を観《み》ていた時、銀幕に「三浦しげ子」（蘭奢が映画出演の際に用いた名）なる人物を認めた。生母に相違ない。佐喜雄は直感した。大正十五年（一九二六）五月、舞台興行の為、山口にやって来た人気女優の五月信子に、映画で共演していた三浦しげ子が伊澤蘭奢であると教えられた。彼女の勧めもあり、母への手紙を託すことにした。佐喜雄は蘭奢を恨み憎み続けて来たわけではあるまい。自分に生を与えてくれた母を純粋に慕い欲していたのだろう。程なくして、手紙の往来が始まり、よそよそしくはあるが、母子が文字を介して語り合うようになる。

邂逅は突然であった。昭和二年（一九二七）八月、雨に煙る浜松で十三年ぶりに母子は再会する。佐喜雄は十八歳になっていた。蘭畬は失われた時を取り戻すかの如く青年を赤子のように我が腕に抱く。戸惑いつつも、母の愛に包まれ、佐喜雄は満たされゆく自分を感じたに違いない。一晩限りの邂逅であったが、蘭畬は「忘れ物」を取り戻す。佐喜雄は母の苦悩と悲哀を理解し、積年の蟠《わだかま》りが氷解する。二人は母子となった。この間の経緯は自伝的作品『春の鼓笛』（昭和十七年）に詳しい。翌三年五月には佐喜雄が上京し母の元で一週間を過ごす。全てが輝き、甘美な夢のような時間であった。

母と子が本来のごく普通な母子の関係を取り戻し、佐喜雄も大坂高等学校理科への進学が決まり、ほのぼのと明るい未来が開けてきたかに見えたのも束の間、あの東京滞在から一月を経た同年六月、蘭畬が脳出血の為、三十八歳の若さで急逝した。佐喜雄は失意の淵に沈む。哀しみに押し潰され、ぶつけようのない怒りを抑えられず、懊悩したことであろう。運命とはかようにも苛酷なものなのかと呪いもしただろう。佐喜雄が蘭畬と母子として実際に持ち得た時間は僅《わず》か十日にも足らぬ。しかし、どう足掻《あが》いても、母は返らない。佐喜雄はまた置き去りにされる。母との三度目の別れは、あまりにも早い永遠の別離となった。

大阪の街は一瞬にして色を失う。母の死は高等学校に入学したばかりの佐喜雄を奈落に突き墜《お》とす。胸中には虚無が居座り冷たい風が吹き荒ぶ。青年はどこか投げ遣りな時を削る。母のいない哀しみを振り払おうとしたのだろう。佐喜雄は政治的な活動にのめり込んでいく。

私はデカダンめく文学青年のようであったけれども、内実は中学以来の左翼学生を自任していた。

そして、どんなふうにそのことが知られてしまったのか、いつのまにか私は『戦旗』や『無産者新聞』の校内での配達人という役目を仰せつかっていた。

（伊藤佐喜雄『日本浪曼派』）

しかし、津和野の素封家の息子に政治は似合わない。まして、活動家など更にそぐわない。確たる信念があったとは到底考えられぬ。工場労働者の罷業《ストライキ》の義援金を集めていたとき、彼らに何の感慨も同情も持たぬ自分を俄《にわか》に見出し、佐喜雄の思いは揺らぐ。自ら「左翼学生を自任し」、非合法の小雑誌《パンフレット》の配布や下宿での週一回の勉強会なども行っていたようだが、政治への心情的な理解はさておき、実践活動についてはその程度のものだったのではないか。


また、佐喜雄は何かに憑《つ》かれたかの如く「向こう見ずの所業」を繰り返す。


道頓堀の酒場で私の友人を乱打したバラケツ（不良）に復讐するために、酒場を軒なみ探し歩いたことがある。（中略）天下茶屋のバラケツ数人と、応援団のリーダーをふくむ私たち高校生数人とが対峙し、オトシマエをつけさせたこともある。

（同前）

政治に関わる一方で蛮カラを気取り、酒を呑み、喧嘩をし諍《いさか》いを起こす。遊郭にも出入りする。箍《たが》が外れ、自棄《やけ》を起こしているかのようにも見える。母の死に因る悲傷はあまりにも深く、青年の心は憂愁に閉ざされ、晴れることはなかったのだろう。


危うい生活は長くは続かなかった。「デカダンめく文学青年」を病魔が襲う。幾重にも自分を飾った無鉄砲が災いしたのだ。昭和五年、医者の勧めもあり、佐喜雄は郷里で養生する。ある日、静かに身心を休めていた青年の元に葉書が舞い込む。文科に籍を置く同期入学の保田与重郎からだ。学校の様子を知らせてきた。そして、校友会雑誌に書いたニヒリスティックな君の詩を忘れないと添えてある。佐喜雄は意外に思う。二三の出来事を除き、おおよそ保田との接点を見つけられなかったからだ。

一年を経て佐喜雄は大阪に戻るが、病魔は執拗に纏《まと》わり付く。再び学校を離れ九州大学病院に入院し、爾来《じらい》四年に及ぶ闘病生活を強いられることとなった。身体の衰弱は心を苛立たせ、患人《わずらいびと》は焦りと諦《あきら》めの間を忙《せわ》しく往《い》き来する。マルクスやキルケゴールの理論に親しみ漂いつつも、「曖昧な精神のまどろみ」に半ば溺れていた。ふと手にした雑誌「思想」に保田与重郎、中島栄太郎、松下武雄の三人の文章を認めた。高等学校の仲間の活躍が、寝台で鬱々としていた佐喜雄の「まどろみ」を破る。目を醒ました青年は保田に手紙を書き、読むべき本を問い、指導を請う。事細かな助言と励ましを記した返信が届き、その上、雑誌「コギト」（昭和七年三月創刊）への参加を強く求められる。

> 高校時代に、なぜかうまく結ばれなかった保田との友情が、ここに数年後に、思いがけない実りを私にもたらしたのだ。単なる友人としてよりも、指導者としての彼の姿が今の私の目に映っていた。私は『コギト』の同人に加わり、彼の使途となろうとした。（同前）

保田との親密な関係が始まる。以降、良き理解者として保田は何かにつけて佐喜雄を盛り立ててくれる。青年は「コギト」に「面影」（昭和十年）、「熱帯魚」（同十一年）などの短篇や随筆「伝説の効用」（同年）を書き、立原道造、神保光太郎、伊東静雄、津村信夫、山岸外史、田中克己などの詩人や評論家の間に名を列《なら》べ置き、文学に生きることを決意する。昭和十年に「コギト」とは別に創刊された「日本浪曼派」の同人ともなり、「白い葬列」「言葉」「歌」「化石その他」（以上四作、昭和十年）などの小品を寄せ、代表作となる「花の宴」を昭和十年十二月号から十二年三月号まで計十六回に渡り連載し、精力的な創作活動を展開した。

昭和十一年、若い入院患者の男女が書簡の往復により政治に破れた心を互いに慰め合い、次第に淡い恋心を培う「面影」、キリスト教に基づく真っ直ぐな心の医師を中心とした上流階級の人たちの交流と社会からはみ出してしまう者たちを対照した青春群像を織り成す「花の宴」（連載中）の二作品が芥川賞候補となる。銓衡委員の一人佐藤春夫に高く評価されたが、折悪しく勃発した二二六事件により、選出が中止されてしまう。しかし、両作は概《おおむ》ね好評をもって迎えられ、佐喜雄は作家としての地歩を固めていく。

「花の宴」に関しては幾つかの逸話が残されている。

「みんなで印刷所へ校正にいってね、『花の宴』のゲラを毎月奪い合いで読むんだよ」と、檀一雄が私に言った。私は、幸福というものに充たされようとしていた。日本浪曼派の仲間たちが、そんなふうにして読んでくれるのだとしたら、ほかに何を望むことがあろう。芥川賞をもらうよりも、あるいは幸福なことかもしれなかった。（同前）

母の死から八年ぶりで上京した折、歓迎会の席で檀から聞かされたこの言葉が佐喜雄の心に染みる。執筆中、佐喜雄がどれくらい手応えを感じていたのかは定かではないが、自らの書き物を同人たちから心持ちにされていたと知り、嬉しく思わぬわけはあるまい。仲間の有り難さを痛感し、作家としての自信を深めたことだろう。

「コギト」「日本浪曼派」を牽引し、『日本の橋』で知られる評論家保田与重郎は、まだ病の床にあった友人を励まし、執筆を強く勧めたという。佐喜雄はその求めに応え、一年四ヶ月の間途切れることなく原稿を送り続けた。そうして成ったのが「花の宴」である。保田はその〈命の結晶〉を

私はこの作品を、近代の日本文学の史上で、かつてなかつたやうな、小説の面白さや花やかさを描いた異色の斬新な作品と思つた。

（「『花の宴』のこと」）

と記し、賞讃する。少し大げさな言辞ではないかとも思うが、左翼文芸が幅を利かしていた当時の文壇状況から推して、「花の宴」が人生の暗部に触れながらも「花やかさ」と「さはやかさ」を併せ持つ希有な長篇であり、同人たちの心に描く浪漫精神を具現化した作品であることは間違いない。但し、小島政次郎が指摘する「手法の未熟さ」も否めない。物語の展開や人物の造形・描写が稚拙だという意味ではなく、幾箇所か語りの乱れが見られるので、それを小島は言ったのだろう。しかし、物語の運びの不首尾を差し引いても、病を押し情熱を傾け書き上げられたこの青春の産物は今も尚輝きを放っている。

他にも立原道造から「この同時代の美しいロマンに心からなるちひさき白い花をおおくりいたします」との便りを貰い、佐喜雄は心を強くする。また、当時の「文藝」の編集長小川五郎も「花の宴」の価値を認め、高見順の「如何なる星の下に」が完結した後の連載を依頼してきた。残念なことに、この話は些細な行き違いから実現しなかったが、新進作家としては破格の待遇ではなかったか。小川は後々まで「花の宴」を心に留め、雑誌アンケートなどで一度ならず、「忘れられない作品である」

と回答したと聞く。「花の宴」は多くの人たちの祝福と支持を受けた作品なのである。

津和野と東京を往復しながら作品を書く。芥川賞の候補に挙げられた際、佐喜雄を評価してくれた佐藤春夫や学生時代から愛読していた川端康成にも会う。同人仲間を通じ、太宰治、亀井勝一郎、三好達治、外村繁などとも知り合い、次第に交友の輪を拡げていく。昭和十六年（一九四一）には和田百合子と結婚する。二人の結婚に難色を示す佐喜雄の父を佐藤春夫と徳川無声が説得したという。

翌十七年は実り多き年だ。米英との戦争に突入し、戦線が拡大の一途にあるなかで、着実に実績を重ねる。「コギト」六月号の巻頭に萩原朔太郎を悼む詩を書く。六月には『美しき名を呼ぶ』（天理時報社）、十月には『不知火日記』（富士書房）を刊行した。更に、一月から十二月まで「コギト」に連載してきた自身の中学時代と母蘭奢との邂逅を描く「春の鼓笛」を、年末に鬼沢書店から上梓する。およそ半年の間に、これまでの創作活動を集大成したかのように二冊の短篇集と自伝的長篇一冊を形にし世に送り出した。

三度《みたび》、佐喜雄を病魔が襲う。疎開先の妻の郷里紀州で肋膜炎を発症し、急遽《きゅうきょ》津和野に移る。敗戦は生まれ育った山あいの閑静な町の病褥《びょうじょく》で迎えた。その暑き夏の日を「目を血走らせた老父は、大戸を卸して業を休むように店の者に命じた」と佐喜雄は写すが、自身の胸中は吐露していない。無論、顛倒した価値観に戸惑い、病に伏せっている己を顧みて、高校をやむを得ず退《ひ》かねばならなかったときと同様に、否、それ以上に焦燥と苛立ちを感じていたことだろう。

時代が装いを改め転がり始めたというのに、病のせいか、筆は湿りがちであった佐喜雄を、火野葦平は「伊藤長門守になって、呑気に構えていてもらっては困る」と揶揄《やゆ》混じりに叱咤する。しかし、佐喜雄も創作意欲が減退していたわけではない。津和野で「水沫」、山口に転じてからは「多島海」と二つの同人雑誌に関わり、それなりの心づもりをし、準備を調えていたものと思われる。身体がどうにか動くようになると、混乱の東京に檀一雄と会い、川端康成を訪ね、再起を窺う。

昭和二十二年（一九四七）三月に『藤娘』（富国出版社）、二十三年二月に『藤村』（新選詩人叢書　惇信堂）、九月に『蘇生』（南風書房）を刊行し、健在ぶりを示す。漸く重い腰を上げ、単身上京し、都会で筆を執る決意を固めたのは二十四年の二月のことだ。けれども、佐喜雄は一向に作品を発表する様子がない。そして、三十年代に入ると、児童向けの伝記や翻訳物などを多く手がけるものの、やはり状況は変わらず、殆ど創作は見受けられない。一体、小説家はどうしてしまったのだろうか。勿論、生活の安定を優先し、児童書に心血を注ぎ、小説の筆を折ってしまったわけではあるまい。全ては想像の域を出ぬが、佐喜雄は時代の荒波に翻弄され、もがき苦しんでいるうちに時を失い、創作から遠ざかってしまったのではないか。また、文学の道を歩む上での絶対の支えである親友の保田が病を患い中国大陸より戻り郷里大和に伏し、公職を追われ、評論活動から離れてしまったこと、更には戦後「日本浪曼派」の仕事が黙殺されたり、批判されたりしたことも影響していたように思う。つまり、良くも悪しくも佐喜雄は田舎の富商の息子であり、新時代の波を乗りこなす才覚も活力も持ち合せていなかったのではないか。

果たして、この推測を裏付ける証左となり得るかどうかはともかく、佐喜雄の人としての在り方、文学に対する姿勢の一端を見ておくことも少なからず有用であると思うので、確認しておくことにしよう。

そもそも、佐喜雄には人としての甘さ、人に頼ろうとする嫌いが多分にある。自ら積極的に他に働きかけ、行動しようとはしない。母との邂逅も蘭香からの連絡で実現した。「コギト」「日本浪曼派」の同人に参加したのも保田の誘いがあったからだ。「文藝」の編集長小川五郎からの連載依頼を受けたにもかかわらず、結局、佐喜雄の軽はずみな言動により好機を逃してしまう。津和野と東京を行き来し、文壇生活を始めた頃には師と仰ぐ川端康成の前で酒を過ごし酔い潰れるという醜態も演じた。佐喜雄の胸中には「私はいわば東京滞在者で、同人のもてなしに甘んじてもいられるのである」との思いが横たわっていた。昼夜が逆転した生活をする同人仲間と酒を酌み交わし文学論を戦わせ終電を逸すると、当然の如く友人宅に泊めてもらう。その繰り返し。こうした佐喜雄の謂わば無頓着な行状や心の持ちようが、創作に影響しなかったとは言えまい。

また、作家としての甘さも少なからずあった。芥川賞の選評の言葉を思い出し、それが誉め言葉ではなく、「小説技術の拙さを婉曲に告げたものではあるまいか」との思いに至る。けれども、佐喜雄は精進しない。

大いに奮発して、小説勉強を心に誓わなければならないところだが、保田の思い遣りのある勧告（漱石を読むことを勧められた）にもかかわらず、たとえば名作を何度も書き写してみるとか、ノートをとるとか、その種の作業は、自分には甚だ苦手であると考えざるを得なかった。佐藤（春夫）先生や川端先生の作品さえ、私はそんな形で勉強したことは一度もなかったのだ。（『日本浪曼派』）

・引用中の（　）内は唐戸が補足した。

気を引き締め、修養をしなければならぬときに、それを怠る。文学への熱き思いを胸中に秘め、資質も才能も充分持ち合わせていたが、更なる高みを目指し、自らを追い込み、磨くことをしなかったのだ。

だからと言って、佐喜雄を批難しようとは思わない。人はそれぞれ生き方がある。作家としての矜恃もあろう。そして、何よりも、現在、私たちは佐喜雄の描き出した「花の冥」「春の鼓笛」などの長篇、「面影」「白い葬列」などの短篇を読むことが出来るのだから、不服を言い立てるのは筋違いであろう。それにしても、やはり昭和二十年代後半から三十年代にかけての約十五年の空白は惜しまれてならない。いずれにせよ、これらの人として作家としての甘さが創作の空白を生じさせたのではないかと考えた所以である。

さて、昭和四十三年（一九六八）十月、久しぶりに『愛と死の壁画』（オリオン出版社）が刊行された。それから二年半の後、四十六年四月には、文学に対する思いを随所に挟み、師と仰ぐ作家や仲間との交流を辿った『日本浪曼派』（潮出版）を上梓する。ところが、同じ年の十月十七日、佐喜雄は心不全の為、帰らぬ人となった。享年六十歳であった。作家の死を美化するつもりは毛頭無いが、半生を振り返った『日本浪曼派』を書き上げ、あたかも自らの筆で人生に鳧《けり》をつけ逝ったような印象を受ける。あまりにも出来すぎた見事な幕引きではないか。

　母蘭奢が佐喜雄に鮮烈な印象と多大な影響を与えたことは改めて言うまでもない。蘭奢の生き方を問い、突然訪れた母との死別を胸に刻み、小説家は運命に見離された薄幸の女性を描き、哀しい男と女の擦れ違いを綴る。行き場をなくした者たちへ向ける佐喜雄の眼差しはどこまでも優しい。そこに母蘭奢を重ね観ていたからであろう。そうした佐喜雄の作品を、色合いも風味も随分と異なるが、川崎長太郎、和田芳恵、野口富士男などの系譜の中に置き、読み比べてみるのもまた一興であるやも知れぬ。あくまでも、蛇足ではあるが。

（近代文学研究者）

髪——内藤民治・恋と愛と——

波佐間義之

汽笛が一声長く港に鳴りひびいた。一週間前に大連を出港した五千トンのハルピン丸は多くの乗客を乗せて神戸港へ着いた。台風の影響もあって帰港は予定よりも少し遅れた。

周囲は薄暮に包まれている。ハルピン丸の脇を艀が白波を蹴立てて走っていた。

内藤民治は背広のポケットから煙草を取り出してマッチを擦った。そして深々と胸に吸い込んだ煙を鼻からゆっくりと吐き出した。十カ月ぶりの帰国だった。

民治は「中外」というデモクラシーを基本路線とする総合雑誌を大正六年（一九一七）に創刊して軍国主義批判を唱えてきた言論人だ。しかし大正七年（一九一八）第一次世界大戦が終結したその頃から日本経済は不景気に見舞われ、順調に発行を続けていた「中外」は休刊に追い込まれるという事態を招いた。

とは言え、バイタリティー旺盛な民治は「中外」が休刊に追い込まれるや同郷の日魯漁業社長の堤清六に懇願し、これまで以上の資金援助を求め「日露相扶会」や「極東通信」という通信社を企画創立するという凄腕を発揮した。

民治は新潟県の生まれで、東京府豊多摩郡渋谷村（現・東京都渋谷区渋谷）にあった東京農学校（現・東京農大）を出ると単身でアメリカに渡り、苦学してプリンストン大学を卒業した。卒業後はニューヨーク・ヘラルト・トリビーン社に就職してロンドン派遣員を長く務めた。異国で苦労してきただけに国際感覚も豊かで、英語はもちろんロシア語も堪能だった。そこを見込まれて元外務大臣で東京市長の後藤新平の要請を受けてモスクワへ渡り、チチェリン外務人民委員（外務大臣）らと会った。在モスクワの片山潜の助っ人として中断していた日露国交回復交渉の予備交渉を重ねるためであった。その結果、北京での交渉再開の約束を取りつけるまでに至っての帰国となったのである。疲れたけれども、民治としては精一杯頑張ってきたという充実感が彼の胸に深く根を下ろしている。もちろん、彼の仕事はこれで終わりではない。東京ではその報告会が予定されていたし、再びモスクワや北京へ戻らなければならない要件もかかえている。

だが、今回の帰国の真の目的はそんなことではなく、伊澤蘭奢と会うためである。

蘭奢のことを民治は「蘭ちゃん」と呼んでいた。蘭ちゃんに会いたい、とにかく早く会いたい、と民治は先程から独り言を繰り返している。時代思潮を先取りした言論人とは思えぬほどの落ち着きのなさが傍らからも窺えた。頭の中を占拠しているのは妻子の姿ではなく愛人の蘭奢であった。そのことに対して彼の胸の中には罪悪感や後めたいようなものは存在しなかった。蘭奢の存在だけが海外にまで活動の舞台を拡げた民治の心の拠り所だったといっても過言ではなかった。

彼女にはすでに帰国する時間や待ち合わせの場所は手紙で連絡している。彼女からの返信はなかったが、心変わりしているとは思えなかったし、思いたくもなかった。予定よりも帰港が遅れることは電報で知らせている。きっとこの船の汽笛が蘭奢の耳にも聞こえたはずである。彼は証拠もないくせに確信みたいなものを胸に抱きながら、トランクを両手に持って下船口の通路に並んでハルピン丸の接岸を待った。

そんな民治の背後からいくつかの視線が注がれていることに、もちろん彼が気付くはずもなかった。


蘭奢はその頃、新劇界の大女優を目指して奮闘していた。人気役者の松井須磨子が、スペイン風邪で急死した愛人で、演出家且つ劇作家の、島村抱月の後追い自死した為、蘭奢は大きく脚光を浴びていた。

民治が蘭奢を知ったのは彼が赤坂でヨーロッパ風の山荘かと思《おぼ》しき色彩豊かな二階家で「中外」を出していた時だった。

その頃、「中外」は政治・経済・文芸の高級雑誌として識者間にもてはやされて絶頂期にあった。書き手としては伊藤野枝、神近市子、堺利彦、長谷川時雨といった錚々たるメンバーが執筆していた。そのメンバーの一人でもある谷崎潤一郎の口添えということもあって、所属する「近代劇協会」主宰者上山草人に付き添われて蘭奢は「中外」を訪れたのである。思えば大正七年（一九一八）七月も末の油照りのする日だった。「中外」の婦人記者として蘭奢を採用してほしいというのがその用件だった。蘭奢も女優では有名になったとはいえ、収入の少ない新劇では女一人食べていくだけでも難しいという時代であった。で、働きながら芝居を続けたい、というのだ。記者の経験をもっているということだったが、面談で詳しく聞いてみると、記者の経験もないことはなかったが、どちらかといえば事務員程度の経験だということである。民治としては蘭奢を事務員として採用してもよいと思った。人手が足りない訳ではなかったが、いや、そんなことではない。目と目が合った瞬間から西洋人を思わすような大きな目玉、長い睫毛、そしてコケティッシュな風貌に民治が強く惹かれたとしても不思議ではない。男女の間には言葉はなくとも心が動くということはよくあることである。おそらく蘭奢にしても、茶縞のアルパカの上着に白縞のズボン、幅の広いネクタイ姿のモダンな、そして背はそれほど高くはないが肩幅の広いガッチリした体格の、血色の良い民治の頼もしい姿に好感を抱いたにちがいなかった。事実民治は剛腹で思慮深い人間だった。特に女性には優しかった。それも自然に海外生活で身に付いたものだった。

その時から二人の付き合いが始まり、やがて二人の関係は愛し合う仲に発展してゆく。

蘭奢には離婚歴があった。彼女は前夫との間にできた六歳の男の子（佐喜雄）を津和野（島根県）に残して東京に出て来て演劇俳優を目指していたのである。以前、夫の出版業を手伝って東京に住んだことがあり、その時に松井須磨子の芝居を観て俳優に興味を持ったらしい。離婚の理由を民治は彼女から聞いたことがある。同郷から東京に出て来ていた五つ年下のトシオ（徳川夢声）と肉体関係を結んでしまったのだ。自身の性的欲望が原因となったと彼女は言った。性生活が夫とはうまくいっていなかったのだろうか。それが発覚すれば姦通罪にあたる。姦通罪にならなかったのは二人の関係が夫に分からなかったのだ。分かっていたら訴えられたにちがいないが、そうなる前に彼女の方から離婚を申し出ていた。それが辛くも成立して本格的に女優を志す気になったということであった。

民治には妻子がいた。妻子がいて蘭奢を好きになっていく自分をどうすることもできなかった。

蘭奢とトシオの関係については彼女の方から断ったということだったが、若いトシオの方は諦めきれずに彼女を追っているらしかった。

そんなある日、蘭奢はノドに唇で吸われたような跡をつけて出社したことがある。本人は気付いていなかったのか、他の社員から冷やかされて「猫のひっかき傷です」と顔を赤らめて弁解していたが、若い肉体を持て余したトシオに迫られたのにちがいない、と民治は勝手に思い込んだが、まんざら的外れとは思えなかった。彼女がトシオを受け入れたかどうかは他人が知る由もないが、その生々しい跡を目にして民治の体の中に蘭奢に対する妬心と欲望が大きな焔となって燃え盛るのを感じずにはおれなかった。トシオから彼女を守ってあげたい、という気持ちもごちゃまぜになって民治は仕事をしている振りをしてそっと彼女に目を向けていることが多くなっていた。

お昼になり、他の社員たちは階下へ食事に行ってた時である。

二階の事務所には民治と蘭者が残された恰好になった。で、この時を待っていたように民治はそっと蘭者に近づくと黙って紙片を渡した。言葉を交わさなかったのは社員が何か用件を思い出して急に戻って来そうな気配を感じたからだ。紙片には赤インクでこう書かれていた。静かな場所でお話ししませんか、差し支えなければ仕事が退けて東京駅でお会いしましょう、と。それを素早く読み取った蘭奢は民治に向かって大きな目を見開き、長い睫毛をまばたきさせた。そして控えめな笑顔をこっくりと頷かせた。蘭奢の妖艶な受け口が今にも民治の唇を待つかのように蠢いた。民治は上着の内ポケットから財布を取り出し、十円札を抜き取ると、そっと彼女の手に握らせた。これで人力車に乗って来なさい、と。彼女は素直に受け取った。というより、凝結したように掌に十円札を広げて眺めていた。それから徐《おもむろ》に民治に目を移動させた。こんなに受け取っていいのですか？　そんな視線に感じられた。彼は落ち着いて頷く。たかが人力車の乗車賃のために十円札を与えられたことに驚いているのだろう。一円もかからないというのに。民治は頬をほころばせながら頷き、さっきから机の上に開いている書類に目を戻した。

東京駅には蘭者の方が早く着いていた。駅は大勢の人でごった返していた。舞台を観た人の中には黒々とした長い髪を肩まで垂らしている蘭奢を知っている人がいるかもしれなかった。

「先生、はいお釣りです」

蘭奢は中折帽の民治をめざとく探し出すと駆け寄って来て手を差し伸べた。彼女の手の中には十円札から支払ったらしいお釣りが握られていた。そんな蘭奢の仕種が民治には愛おしくてならなかった。妻にはない愛おしさに民治は思わず微笑みをこぼした。

「それはキミが使ってもいいんだよ」

「え！」

蘭奢は民治を掬い上げるように見上げた。墨汁で描いたような大きな丸い瞳の中に民治の顔が映っている。

「今日のお小遣いと思いたまえ。お芝居のお捻りと同じだ」

「あら、いいんですか。先生、ありがとうございます。それじゃ遠慮なくいただきますわよ」

「その先生はやめてくれないか。二人の時は今日からぼくはキミのことを『蘭ちゃん』と呼ぶからキミはぼくのことを『民さん』とでも呼んでくれないか」

「先生、それ、まさか冗談ではないでしょうね」

「本気だよ」

「それでは『民さん』と呼ばせていただいていいかしら。民さん！」

「何だね」

「わたし、嬉しいです」

蘭奢は大きく目を潤ませながら民治の手を握りしめた。民治もしっかりと握り返した。

「さぁて、出発だ」

「出発ってどこへ？」

「メモに書いていたじゃないか、静かな場所だよ」

民治は軽くウインクした。蘭奢の目蓋もぎこちなく彼と同じように動いた。それから二人は微笑み合った。

　二人は東京駅から横須賀行列車の一等室に乗り込んだ。一等室の乗客は余り多くはなかった。蘭奢の唇は結んでいるつもりだろうが半開きにほぐれている。二人掛けの一等室は二等室や三等室とは違ってクッションのよく利いた快適な座席だった。窓の外はすでに夜の帳《とばり》が下ろされている。焚火の中をかきまぜた時のように街の灯が窓の外に輝いて見えた。蘭奢はまるで子供に還ったように目を大きく見開いて瞬きを繰り返している。民治はそっと彼女の肩に手をかけた。彼女の肩がピクリと反応するのが分かった。

「蘭ちゃん、質問していいかい？」

　民治はそっと肩にかけた手に力を込めながら言った。

「なぁに、民さん」

「キミはまじめな人妻として精神的にも物質的にも不足のない境遇からどうして家庭を捨てて女優の道を選ぶ気になったのだね？」

　蘭奢のそうしたことは上山草人から聞かされて民治は知っていたはずだ。蘭奢の体は一瞬硬直したように感じられた。まさかそんなことを訊かれるとは思ってもいなかったのだろう。蘭奢はしばらく経った後、呼吸を整えて徐に口を開いた。

「わたし、結婚して六年目に他の男《ひと》を好きになって身体を許したのです。その時からわたしの心に人妻として縛られることに不満と倦怠を覚えたのです。つまり、夫を愛することができなくなったのです。民さん、愛のない夫婦生活って続けられると思いますか？　わたしは耐えられなかったのです」

カーブにさしかかったのか、車輪の軋む音が響いた。民治は左の耳が少し遠いせいか、何度も繰り返して蘭奢の言葉を確認した後、こう言った。

「キミは勇敢な人だね。たとえそんなことを心に思っていても日本の女性は実行に移すことはできないし、しないものだよ。しかしね、これからの世の中は違ってくるよ」

え？　と蘭奢が聞き返した。聞き違えたのかと思ったらしい。しかし、そうではないと分かると目にはいっぱいの涙を湛えて民治を見返していた。

「民さん、本当にそう思って下さるの？」

「本当も嘘もあるもんか。西洋人に比べると日本人は世間を気にし過ぎたり自己主張を抑制する風習が蔓延しているよ。もっと自分の人生を大切に考えなきゃ」

「わたし、嬉しい！　そんな言葉をかけて下さったのは民さんだけです」

蘭奢は民治の胸に顔をうずめてすすり泣いた。自分の心を知ってもらったよろこびが彼女の感情を昂ぶらせていた。


しかし、二人の密会は長くは続かなかった。その一つの理由には民治の多忙さに原因があった。彼は国家のために一命を捧げるつもりでいる。彼にそのような能力がそなわっていることは国家の要人のお墨付きである。その夢を捨てるわけにはいかなかった。二人の関係はお互いに自由な、解放された独立人として、拘束するようなこともなく、「理解と同情」の上に成り立った恋愛であったはずだ。そこには束縛もなければ義務もない。お互いの個性を絡め合わせ、二人の間に生まれた愛を育んで一つの完全な人格を作り出そうと試みたはずだった。規則、制度、約束、道徳に縛り付けられて苦しんでいた結婚生活から自由を求めて飛び出した蘭奢ではあったが、それもやがて不満の種と化して燻り続けていたのかもしれない。不安定な愛人生活にとてつもない寂しさや自己嫌悪に陥るようになっていたのかもしれない。しかも民治には妻も子供もいる。民治がどう言い訳をしょうとも現実を無視することはできない。蘭奢は決してそのことを口に出したり同棲を強要するとかはしなかったが、心の中では不信や焦燥を感じていたにちがいない。時代に逆らうように「恋愛の自由」（厨川白村）の境地を二人は求めてきたはずだったけれども、相手がそばにいなければそれも空想の中の出来事でしかないと思ったとしても不思議ではない。月日が経つにしたがって周囲の人たちに二人の関係が知れ渡り、いろいろと気に食わぬことを囁き始められていることに蘭奢は後悔と戸惑いと苛立ちを覚えていたのだろうか。そのことは民治にも分かっていた。だから民治はある時、蘭奢に言ってやったことがある。キミも自分の心身のことを忘れ、芸術のために献身する気になったらどうかね、と。蘭奢は分かりました、と頷いたがそれでも不満は鬱積していったのであろう。関東大震災後の日本経済の景気低迷によって民治の事業はいよいよ行き詰まり、パトロンとしての役割が薄れていったのも原因の一つに数えられるかもしれなかった。

とうとう蘭奢からの別れの手紙が送られて来た。民治はモスクワへ行き、そして北京に着いたその日に受け取ったのだ。たった三ヶ月会わずにいることが辛抱できないらしい。

——敬愛なるあなた！　異国にいるあなた！　わたしは寂しゅうございます。苦しゅうございます。わたしは孤島の漂着者です。あなたにはきっと異国の女《ひと》がいるのでしょうね。その女の方に毎夜抱かれているのでしょう。わたしなんかもうどうでもいいのでしょう。きっとそうなんでしょう。ほんとうのことを言って下さい。そういうことも知らずにあなたを待っていることにわたしは耐えられません。狂いそうです。こんな気持ちがあなたに分かりますか。ああ、もうイヤ、こんな生活なんかイヤです。わたしは邪魔者なのでしょう。そうなのですね。あなたは事業が第一と先の手紙でお書きになっていらっしゃいましたね。それが男の本当の気持ちなのでしょうね。わたしもあなたへの愛着から解放されて芸術のために狂奔します。恋におぼれていた自分を自嘲し、叱咤し、意を固めました。どうぞ別れて下さい。別れましょう。その方がわたしたちの為です——。

と、寂莫とした感情を赤裸々に書き連ねていた。民治はすぐに返事をしたためた。

——蘭ちゃん、キミの手紙を読んでぼくの心は手負いの熊のように狂った。ぼくの心は海洋の暴風となって数日暴れ廻った。ぼくの心は暗い谷間に涙の味を噛みしめながら、冷たい草の上で夜を明かした。ぼくの心は生まれて初めて本当に泣いている。昔、モナ・リザの蘭ちゃんを得て嬉し涙に溢れたこの目は、今、あらゆる地上の悲しみをかき集めて、泣かねばならぬ身の上となった。ぼくの最愛の女《ひと》が急に鬼面となり蛇身となってぼくの生命を屠らんというのだ。ぼくはぼくたちの過去が蛇を隠す為の美しい花だったと思わぬ。蘭ちゃんの芸術的天分を発揚して、理想と希望を具体化することに向ってぼくはどんな犠牲も払って最善の努力を注ぐつもりであるが、蘭ちゃんの心境が絶対のところに来ているとすれば、ぼくは蘭ちゃんの自由意思を尊重しょう。蘭ちゃんの体面も考慮しなければならない。もしそうしなければならないと仮定した場合、ぼくはこれでこの世の最後の責を果たしたことになる。蘭ちゃん、友には情け、不正を怖れ、蘭ちゃん自身に咲き匂うものを味合い、また時にはぼくのことを思い起こしてくれ――

民治は別れる意思がないこと、且つ蘭奢の気持ちが戻ってくれることを切に願って心の中を吐露するように書き綴ったつもりである。民治自身、別れるなんてことは到底考えられなかった。国際的に活躍する民治にとって蘭奢の存在は妻よりも誰よりも心の支えとなっていたわけである。真剣な愛とはそんなものかもしれない。もしも蘭奢と本当に別れることになったとしたらこれからの民治の活躍は制限されていくにちがいない。やる気を失くして誰の目にも届かないところで浮浪者に成り下がっているかもしれない。

揺れる蘭奢の気持ちが民治には想像できた。彼は手紙の後に追い打ちをかけるように待合場所を指定した電報を打った。これでも蘭奢の心が動かせないならあきらめるより仕方なかった。いや、蘭奢は必ず来る、必ず指定した場所に来ている。民治はそう胸の奥で言葉を放ったものの、正直半々の気持ちだった。

ハルピン丸は桟橋に小さな衝撃を残して接岸した。

民治は下船するとすぐ人力車に乗った。蘭奢と待ち合わせ場所にしている西村旅館までは歩いても十分かそこいらで着くのだけど、トランクを抱えているので人力車にした。蘭奢とこの神戸の港町には何度か訪れている。そして何度か西村旅館を利用していた。言わば逢引の場所だった。彼はなつかしさに目を細めながら流れゆく光景を人力車の上から眺めていた。と、民治の乗った人力車を追っかけるようにいくつかの黒影が小走りしていたが、民治は気付いていない。

人力車は海沿いの町中を走り、左にカーブした旅館街のほぼ中央辺りで停まった。夕方になっていたがまだ空は明るかった。しかし、周辺の道路にはガス燈が灯されていた。民治は黒ずんだ玄関横の大きな柱に掲げられた「西村旅館」の玄関のガラス戸を開けた。すぐ丸髷の女が現れた。女中は民治の顔を覚えているらしく、一見するなり「お連れの方がお待ちです」と笑顔で言った。それを聞いて民治の頬も緩んだ。やはり蘭奢は来てくれたんだ。とたんに胸が喜びに奮えた。

「世話になるよ」

民治はそう言って女中にトランクを持たせ、彼女の後を追うようにして二階の部屋へ続く階段を上った。突き当りの海の見える部屋が蘭奢を待たせた部屋だった。女中が襖を開けて中に声をかけた。

「お連れ様がお目見えになりましたよ」

畳の上を兎が飛び跳ねるような足音がしたかと思うと、

「民さん！　お帰り！」

蘭奢は泣いているではないか。民治も思わず目を潤ませた。女中は慌ててトランクを部屋に置くと、

「では、ごゆるりと」と言い残すなり部屋を飛び出して行った。

「蘭ちゃん、会いたかったよ」

「民さん、ごめんなさい。あんな手紙を書いたりして――心配したでしょう」

蘭奢はすすり泣きながらやっとそう言葉を紡いだ。

「いいさ、蘭ちゃんの気持ちは分かっている」

「わたし、つくづく思ったの。わたし、民さんなしには生きて行けないってことを。――ねえ、わたしを一人にさせないで。わたし、寂しくて――苦しくて――恋しくて――生きた心地がしなかったわよ」

「ごめん。ぼくだって蘭ちゃんのことは一日だって忘れたことはなかったよ」

「うれしいわ」

遠くで船の汽笛が聞こえた。

夕食がすむと民治は女中に言って隣の部屋に床を述べさせたかと思うと、高鼾をかいて寝てしまった。船旅の疲れが一気に彼を襲ったのだ。もちろん、最愛の蘭奢と一緒にいる満足感も彼を安心させていた。彼は死んだように翌朝まで眠った。

昼近くになってようやく目覚めた。と、横に寝ているはずの蘭奢はいなかった。どこに行ったのだろうと思いながら床を這い出ると、蘭奢は朝風呂を浴びて鏡台に向かって長い髪を梳いているところであった。民治はそっと後ろから蘭奢のその仕種を何か意味ありげに見つめていた。それが鏡に写っている。蘭奢は目を見開いて鏡の中の民治に言った。

「あらら、お目覚め。おはようさん」

「やあ、おはよう」

「ねえ、民さんどうしたの？　わたしの髪に何かついているの？」

蘭奢は怪訝そうな顔を振り向けた。梳いた長い髪がサラリと揺れた。民治は半分笑いながらこんなことを言った。

「蘭ちゃん、その髪、短く切ったらどう？」

蘭奢が驚いたのはいうまでもない。

「あら、どういうこと？」

「外国の女性はね、在来の日本には見られないほど勇敢に断髪の女性が活躍しているんだよ。衛生的であり、事務的で、そうして十歳は若くなれるよ」

外国婦人論から文明人の健康論があり、

「蘭ちゃんと同じくらいの年齢の女は、生理的、精神的転換期にあるんだ。はっきりとエポックを画するためにはまず対外的に自分の型から改造してゆく方がいいね。それに面倒臭くなくていいだろう」

蘭奢はしばらく民治の口から出た言葉を反芻していたようだが、やがてこっくりと頷くと、躊躇いもなくこう応えた。

「それじゃ民さん、切っていただきますわ」

まるでその為に準備していたかのように民治は大きなトランクを開いてその中から切り抜き用に持っていたドイツ製のよく切れる鋏を取り出して蘭奢の髪を切り落とし、それからその髪を感慨深げに目にした後、半紙に包んで大事そうに鋏と一緒にトランクにしまった。

「これでいつもぼくは蘭ちゃんと一緒だよ」

蘭奢の目の端から涙がこぼれている。蘭奢の心はこれまで以上に強く民治の心に寄り添うことになる。

民治は上海から土産に持って帰った赤と黄のだんだら模様のジャケットと薄茶と白の色彩をエキゾチックに配色した帽子を蘭奢にプレゼントした。蘭奢にはよく似合った。特に帽子は断髪した頭と相俟って誰の目にも蘭奢を若返らせてみせた。

次の日の夜、二人は神戸から東京へ向かう汽車に乗り込んだ。

豊橋まで来た時だった。

乗客とも思えない粗末な洋服を着た三人の屈強そうな中年の男が通路に立って二人に視線を送っている。私服だ。民治はその時になってようやくそう直感した。そういうことは予想されないことではなかったが、まさかと思っていた。彼はこのところ「密使」としてソビエト政府の要人と会談をしたり、レフ・トロッキーらとの交流などから、当局に「要注意人物」としてリストアップされていたとしても不思議ではない。

東京駅に着いて改札口に出たところで民治は背後から呼び止められた。

「内藤民治さんですね」

「内藤だがあなた方は？」

「警視庁のものです」

一番年輩の者が胸のポケットから手帳を出した。

「何か——？」

「詳しく聞きたいことがあって署までご同行願えますか」

やはりそうだったか、と民治は自分自身に頷いた。民治は社会主義者ではなかったが、「中外」創刊当時から言論活動の舞台もなかった堺利彦や荒畑寒村らの社会主義者を実名で登場させ、自からも「内藤映雪」というペンネームで山県有朋らの軍閥を頼みとする寺内正毅内閣の退陣を求めて政府批判や内政問題についての批判を繰り返してした。〈中外〉の主要な主張が軍国主義批判であり、デモクラシーの啓蒙運動であったことは明白だ。こうした言論弾圧は民治に限ったことではなかった。

「それは構わんが、彼女を送って行った後にしてくれないか」

民治は蘭奢に目をやった。思ったより蘭奢は落ち着いている。民治と付き合うことになった時からそんな予感を抱いていたのにちがいない。

「いや、お連れの方も一緒にご同行願います」

「彼女は女優だ。何の関係があると言うのだ！」

「ご参考までにお付き合い願います」

蘭奢が目を剥いたのはその直後である。

「いいわ、このような体験はお金を出しても買えないことよ。演技の肥やしになるわ。民さん、堂々と連れて行ってもらいましょう」

「なるほど、そうだな。こういう人たちのようにいつまでも錆び付いた思潮に支配されていたのでは日本の夜明けは望めない。蘭ちゃん、デモクラシーを信じよう」

たとえどんなことが待ち受けていようとも二人はいつも一緒だよ、と続けるつもりの言葉を民治は呑み込み、手にさげたトランクを軽く叩いて蘭奢に目配せしながら声を落として静かに笑った。

（「九州文學」編集発行人）

参考文献
鷹羽司編『素裸な自画像』（「伝記叢書319」大空社、平成十一年）

「話芸の神さま」が愛した女・伊澤蘭奢——徳川夢声——

森　美樹子

テレビの黎明期を知っている人なら、だれでも徳川夢声の記憶があるはずだ。オールバックにした白髪、骨ばった体躯に力を湛えた目。そして説得力のある語り口。テレビのみならず、あらゆるメディアの分野で才能を発揮した夢声。その彼の初戀の女《ひと》、道ならぬ戀に落ちた女が伊澤蘭奢だった。

徳川夢声、本名福原駿雄《としお》。明治二十七年（一八九四）、島根県益田市生まれ。警察官だった父の転勤に伴い、生まれてすぐに津和野に転居する。四歳のころ、看護婦になりたいという母の希望で父方の祖母と三人で上京。その時の道中や津和野での暮らしの記憶が鮮明に残っていると言うから、言語や映像の感受性は鋭かったのだろう。

上京して数ヶ月後、母は津和野で幼馴染だったらしい男と出奔する。ポンチ画帳と豆餅をあてがわれ、坂道に置き去りにされたその時の喪失感・不安感は、終生、駿雄の心に影を落とすことになる。

上京した父と祖母に育てられた小学生の駿雄は、いじめられがちな泣き虫っ子だった。そんな駿雄を助けたのが落語だった。教室を演芸場に変えて、覚えたての落語を片っ端から披露したのである。義太夫が好きだった父、浪速節が好きだった叔父の影響もあったのだろう。人前で喝采をあびる歓びを知る。

小学校卒業後、名門・東京府立第一中学校（現・日比谷高校）入学。父を大いに喜ばせた。厳格な校風だったが学業にはあまり専念せず、贔屓の落語家を追っかけて寄席に通い、映画好きの友人の影響で映画館に出入りし、昼休みには野球に夢中という闊達な中学時代をおくる。

そんな青春の真っただ中に出会ったのが、近所に越してきた五歳年上の人妻、伊藤シゲ（後の伊澤蘭奢）だった。同郷の福原家と伊藤家は遠い親戚筋にあたり、乳飲み子を夫の実家に残してきたシゲが夫と共に挨拶に来たのである。その時のシゲの印象を、後に夢声はこう述べている。「横を向いた時の鼻が非常に美しい線をしてゐました。（中略）如何にも樂々と、健康な呼吸の出來そうな鼻の穴」。自身の耳が大きいことをコンプレックスにしていた駿雄らしい視点だ。そして、彼女の夫に嫉妬すら感じるほど「捥《も》ぎたての巴旦杏《はたんきょう》（註1）」のような彼女に魅せられた。

やがて駿雄は足繁くシゲの家へ通うようになる。「息苦しい不透明な生活に泥《なず》みきつてゐたわたしにとつては（中略）宝丹（註2）のような清涼味」とシゲは感じる。夫は仕事で家を空けることが多く、待つだけの女ではなかったシゲにとって、駿雄の訪問は恰好の気つけ薬だった。二人の感情が戀心に変わるのに時間はかからなかった。生母に捨てられ父が再婚した二番目の母とも生き別れた駿雄は、母性的な愛に飢えていた。シゲもまた、乳飲み子を置いてきたという後ろめたさを抱えつつ、母性の行き場に飢えていた。二人の背負った過去、被害者と加害者の関係はこの戀の妙薬になった。姦通罪のあった時代。やがて二人の関係は駿雄の父に知れるところとなり、シゲは一人東京を後にした。

シゲに去られ、二度の第一高等学校（現・東京大学教養学部）受験にも失敗した駿雄が選んだ道は、夜間は落語家として学費を稼ぎ再再度受験するというものだった。「顔が見えない弁士なら」という父の言葉で落語家を活動写真の弁士に切り替えた。早速、活弁士に弟子入りした駿雄は、はや三日目にはひとつの作品を任されている。活動フィルムには台本があるわけでなく、マエセツを含め、すべて弁士の才に依る。これに及第点をもらった駿雄はたちまち弁士として頭角を顕し、給料を得るようになる。翌年、秋田県の新設映画館に出向。その時覚えた酒が、良きにつけ悪しきにつけ、終生にわたって彼の人生を色濃くした。大正四年（一九一五）、東京にもどった駿雄は徳川夢声を名乗る。

弁士として活躍していた夢声と、夫と離婚し役者を志して再び上京していたシゲこと伊澤蘭奢が再会したのは、大正七年（一九一八）のことである。当時、舞台役者は経済的負担が大きく、まして初めて大きな役が付いた蘭奢は「金が必要な」女であり、一方夢声は「金が稼げる」男だった。自ら夢声に会いに行った蘭奢の行動は、単に「恋しい、懐かしい」だけではなかっただろう。

以後、蘭奢が急死するまでの約十年間、二人の関係は熾火のように燃え続けた。その間、夢声は職場で知りあった女性と結婚し四女の父親になり、蘭奢もまた、共に人生を歩む男性と半同棲生活を営んでいる。そのころのことを夢声は自伝の中で次のように書いている。「もはや二人は恋人同士といえないかもしれなかった。（中略）でも、二人で歩いているのは、うれしいことに違いなかった。（中略）一体、彼女はどの程度まで、私を愛していたのであろうか？（中略）たまたま私という坊やが現れたので、ああいうイキサツをひき起こしたのであろうか？」。

　冷静に状況を分析しようとする夢声に対して、蘭奢は、夢声が語るモノローグ形式にしてこう書く。

「人妻だつた彼の女がわたしにとつても初戀だつたしあの過去の記憶を決して忘れることは出來ないんです。いやこれから先、幾度戀をしたつてもうあんな氣持ちを味へなからうとさへ思つてゐるんです。（中略）何時會つても、彼の女は愛すべき女でした。そして僕は（中略）新婚の妻に一夜の空閨（註3）をまもらさねばなりませんでした」。

　思いを懸けられた女を満喫する蘭奢が透けて見える。実際には二人の付き合いがどのようなものであったかは不明だが、蘭奢が亡くなる数日前も二人は彼女の行きつけの店で酒を飲み、彼女の家で一時を過ごした後、気まずく別れたという。

　蘭奢逝去をいち早く夢声に知らせたのは、彼女のパートナーであった。しみじみ彼女の顔《かんばせ》を見つめた夢声は、歳月と死によって奪われた美しさを嘆きつつ、「鼻だけは、一八年前の彼女が、そっくりそのまま、そこにあるではないか。（中略）私は、あの朗らかな鼻の穴にだらしなく詰められた脱脂綿を見て、取りとめもなく涙を流したのであった」と書き残している。「さようなら」と一言告げて去って行ったという夢声の背中が見えるようである。

　蘭奢の死後も、夢声と彼女の息子の佐喜雄、パートナー、元夫との交流は続いた。戦後、佐喜雄から夢声を頼って上京したい旨の手紙を受け取った彼は「（蘭奢と似ている）雅兄の横顔を毎日見て暮す苦痛に堪へません」と断りの返信を残している。(註4)

少し遡るが、夢声は大正十三年（一九二四）、二歳の次女を急な病で、昭和九年（一九三四）には、まだ三十四歳だった妻を結核で亡くしている。糖尿病を患いながらもアルコールと縁の切れなかった彼は、酩酊のために幼子の葬儀に立ち会うこともできず、妻の通夜・葬儀にも記憶がないほどだったという。ちなみに、病に苦しむ妻を見るに忍びず、いつも駆け込む酒店は、かつて蘭奢と最後に逢引きをした店だったというから、実母に置き去りにされた記憶は、愛する女性に去られる状況に極端に弱い彼の性格を形成したように思う。

妻の死後も無謀な飲酒を繰り返す彼を見かねた回りの薦めもあって、二年後、親友の未亡人と再婚。新夫人との間に一男を授かった夢声は「私は何より長生きを、第一の仕事とすべし」と自戒している。

酒での失敗は私生活だけではなかったようだが、時代の大らかさにも助けられたのだろう。夢声は弁士として人気、実力を着実に兼ね備えていく。彼の語りは人物の解釈に優れ、場面の雰囲気を当意即妙に表現したという。やがて時代はサイレント映画からトーキー（発声映画）へ。弁士は次々と失職。そこで夢声は、喜劇役者・映画・舞台俳優など活動の場を広げ、独自のポジションを確立していった。中でも夢声の名を全国区にしたのはラジオの仕事であった。代表作の一つになったのが吉川英治作「宮本武蔵」の朗読である。昭和十四年（一九三九）の初演に続き四年後に再演。さらに昭和三十六年（一九六一）から始まった帯放送は、二年近くに及ぶ五五〇回の長編番組になった。朗読といっても原作を忠実に読むのではなく、耳で聴く作品にアレンジする夢声の巧みさ、聴取者の想像力をかきたてる間の取りかたが絶妙であったという。

週刊誌上の対談「問答有用」は、昭和二十六年（一九五一）から四〇〇回を数えた。「私にコレという学問がなく、コレという思想がなく、コレという傾向がなかったからであろう。まあ早くいえば、少し濁った水のようなもんで、相手次第でどんな味もつくし、どんな色にも染まろうというわけだ」。

多分に謙遜を含みつつ、さりげなく自身の弱さをさらけだし自身を分析する目線が柔らかい。田中角栄から山下清まで、だれと対置しても最大限の魅力を引き出す話術は、唯一無二のものであった。

また読書好き、筆まめでも知られた彼は文筆家として実に五十作以上の著作を残し、二度、直木賞候補にあげられている。

少年期、夢声の夢は政治家だった。しかし受験失敗によって図らずも就いた弁士を皮切りに、大きな文化のうねりの中、先達のない世界の選択を迫られ続けた。時代が夢声を必要とし、時代によって夢声は育てられた。そんな彼を支えたのが、天賦の才と柔軟な発想力、膨大な読書量だったように思う。

しなやかに言葉を操り「話芸の神様」とまで称された彼は、昭和二十五年（一九五〇）放送文化賞、昭和三十年（一九五五）菊池寛賞、昭和四十二年（一九六七）勲四等旭日小綬章など、数々の賞を受けている。

昭和四十六年（一九七一）、七十七歳、脳軟化症で死亡。最期の言葉は「おい、いい夫婦だったなあ」だった。

（「九州文學」同人）

註1　巴旦杏－スモモの一種
2　宝丹－薄荷入りの胃薬
3　空閨－夫または妻がいない一人寝の寝室
4　雅兄－手紙などで男の相手を敬愛して指す言葉

参考文献

徳川夢声著『夢声自伝上・中・下』（講談社、昭和五十三年）
三國一朗著『徳川夢聲の世界』（青蛙房、昭和五十四年）
徳川夢声著『徳川夢声の問答有用1』（朝日新聞社、昭和五十九年）
三國一朗著『徳川夢声とその時代』（講談社、昭和六十一年）
夏樹静子著『女優X　伊沢蘭奢の生涯』（文藝春秋、平成八年）
鷹羽司編『素裸な自画像』（「伝記叢書319」大空社、平成十一年）
濱田研吾著『徳川夢声と出会った』（晶文社、平成十五年）
「森鷗外記念館館報ミュージアムデータ20」（森鷗外記念館、平成二十八年）

福田清人と伊澤蘭奢

志村有弘

波佐見・福岡

作家・福田清人が他界して、長い歳月が流れた。今、改めて、福田の文人としての偉大さをしみじみ思う。

福田清人は、明治三十七年（一九〇四）十一月二十九日、長崎県東彼杵郡波佐見町宿郷七三九に、和一郎・すいの長男として生まれた。明治四十四年、父が佐賀県東松浦郡の芳谷炭坑病院の勤務医であったので、清人は芳谷小学校に入ったが、翌年、父が長崎港外の土井首村に医院を開業したことから、同地の小学校に転じた。

福田は、長崎県立大村中学校を経て福岡高等学校（文科丙類）へ進んだ。大正十二年（福田は福岡高校在学）、福岡の古賀光二が、辻潤・高橋新吉・大泉黒石の三人を招いて、福岡でダダイスト講演会を行おうとした。高橋と黒石は福岡には来ずに、辻だけが講演をした。辻は、『絶望の書』の中で、自ら講演会の切符売りをし、「僕は辻潤ですがねえ、今夜話を聴きにきてくれませんか」と言うと、「生徒諸君は眼を丸くして、ジロジロと僕の顔を見ながら、一も二もなく買ってくれた」と記している。この高校生の中に福田がいた。福田は、黒マント・黒眼鏡の辻の印象を「文士とはこんなものかと眼をみはった」(『日本近代文学紀行　西部篇』新潮社、昭和二十九年)という。福田が初めて文士なるものを見たときであった。

〈大泉黒石〉は、後に私の近代文学勉強の一つの方向を示す存在となるのであるが、私は黒石について福田からその人となりを訊いたことがあった。

文学の母胎長崎

福田は文学の世界へ入って行った。大正十三年(二十歳)、原田謙次主宰「文藝復興」の誌友となって詩を発表し、秋、若山牧水が来たときに、歌会に出席した。「日光」に歌一首が掲載され、以後、雑誌「応鐘」に短歌を投稿しだした。

大正十五年(一九二六)、東京大学国文学科に入った。同級に堀辰雄・臼井吉見・成瀬正勝がいた。この年、福田は、蒲池歓一(諫早出身)らと同人雑誌「明暗」を発刊する。昭和三年(一九二八)二月号の「明暗」に発表した「岬の風景」は、長崎の吉利支丹墓地を背景に少年一彦と江子、豊子との純愛を抒情的に綴った短篇小説。同年十一月号の「明暗」の巻頭に掲げられた「新しき題材」は、長崎の町を舞台に画家佐多の青春の苦悩と虚無的な姿勢を描いている。

「明暗」は、伊東静雄が処女作「空の浴槽」（昭和五年五月）を発表しており、伊東の文学上の出発点を示す雑誌としても貴重。しかも、福田・蒲池・伊東の三人が大村中学の出身者であるところが興味深い。伊澤蘭奢を福田に紹介したのは蒲池であった。

福田は、「ふるさとこそ原点」（「讀賣新聞」昭和五十六年一月十二日）といい、「岬は文学の原郷」（自由新報、平成二年十一月二十日）という。「自由新報」誌では、「私は少年の日を長崎を抱く小さな岬に育ったせいか、岬にあこがれる」・「少年の日三里の道を長崎へ歩いた野母の岬道。その通ずる地帯は幾つかの作品を生む私の文学の原郷でもある」と述べている。長崎・岬・キリシタン……。福田文学の原点は、長崎の岬と故郷の古く豊かな歴史に存在する。〈長崎〉を書き続けた、望郷の作家福田清人が他界したのは、平成七年（一九九五）六月十三日。

伊澤蘭奢と伊藤佐喜雄

尾崎宏次は『女優の系図』（朝日新聞社、昭和三十九年）の中で、大正十三年五月二日から六日まで帝国ホテル演芸場でチェホフの「桜の園」が催され、蘭奢がラネフスカヤ夫人を演じたことを記し、これに関連する八田元夫の言葉を伝えている。八田は蘭奢のラネフスカヤ夫人を見てファンになったといい、「あの役はよかった。ぼくが行ったときは芥川龍之介が見にきていましたが、休憩のとき、ロビーにでてきて、しきりに伊沢蘭奢をほめていました」と話していたという。さらに、八田は「日本」（新聞）の劇評を担当するようになり、「東京麻布笄町の蘭奢の家へも行きましたが、福田清人とか楠田清というような若者がいつも蘭奢をとりまいていた」と語ったことをも記している。

福田は、『現代作家回想記』（かたりべ叢書36、宮本企画、平成四年）の太宰治・檀一夫・梅崎春生・伊藤佐喜雄」の項に、

私は大学時代、新劇協会の女優伊沢蘭奢を知ったが、幼い佐喜雄を故郷において夫と別れ女優となったというのであった。佐喜雄が大阪高校生時代上京してきて紹介された。伊藤は病気で退学、上京、文学の道へ進んだ。「日本浪曼派」に連載した長編「春の宴」は芥川賞の候補にもなった。晩年、佐藤春夫の会の「春の日」を編集したりしていた。彼の借家の保証人に頼まれひき受けたこともあった。

故郷津和野の伊藤家の墓地に昔家出した生母蘭奢と共に佐喜雄の遺骨も埋められているという記事を近代日本文学館報で最近見た。

と記している。

「座談会　伊藤佐喜雄を偲ぶ」（復刻版「日本浪曼派」別冊『日本浪曼派とはなにか』雄松堂書店、昭和四十七年）で、平林英子が、伊藤が足の病で九州の病院に入院していたことを話し、「高等学校も中退してずっと田舎にお帰りになったので、それで大学へはいってないのです。伊藤さんのお母さんの伊沢蘭奢さんは、私どもの若い頃は非常に有名な、立派な女優さんでしてね。今の若い人たちは知らないでしょうけれど、松井須磨子なきあとの女優といわれていました」と述べている。この平林の言葉と

も関連するのだが、福田は『火の女』（朋文社、昭和三十二年）の中で、十二人の女性の生きざまを綴り、その中に松井須磨子を取り上げている。だが、福田はこの書の中で伊澤蘭奢を取り上げることはしなかった。新劇一筋に生きようとした蘭奢を取り上げても不思議はない。しかし、取り上げなかった。取り上げなかった理由は判然としないが、福田にとって伊澤蘭奢は近すぎた存在であったということであろうか。あるいは、随筆等で既に書いているので、という気持であったのだろうか。

作家としての伊藤佐喜雄は、『春の鼓笛』（鬼澤書店、昭和十七年十二月）・短編集『生ける験あり』（鬼澤書店、昭和十八年五月）・『森鷗外』（講談社、昭和二十一年十一月）人と文学『藤村』（惇信堂、昭和二十三年二月）・世界名作文庫『二都物語』（偕成社、昭和二十六年四月）・回想『日本浪曼派』（潮出版社、一九七一年四月）・世界少女名作全集『バレエ物語』（偕成社、昭和四十一年十二月）・児童伝記『ものがたり　宮沢賢治』（偕成社、昭和四十二年八月）・『ものがたり　アンデルセン』（偕成社、昭和四十二年十月）・『ものがたり　石川啄木』（偕成社、昭和四十二年十一月）・『ものがたり　ミレー』（偕成社、昭和四十二年十二月）などを書いている。他にも著作は多いが、現代を舞台とする大衆小説も書いている。「悲しき父の歌」（講談倶楽部、昭和二十七年十一月）は、妻に死なれた男が二人の子と共に心中しようと思っていたが、旅先で出会った老夫人と娘（養女）に救われ、やがてその娘に恋をし、結ばれるまでを描く。軽いタッチの作品であるが、浪曼的色彩の作品を形成している。「美女が唇をひらく時」（面白倶楽部、昭和三十五年六月）のような平家の末裔の娘を一素材として、薄幸で、数奇な運命の二人の女人を描く大衆小説も書いたりしている。この他、『現代珠玉集』第一輯（鳳文書院、昭和二十一年十一月）に小説「炎《ほむら》」を収録している。この『珠玉集』には作家伊藤佐喜雄に関する紹介文として伊藤の生地津和野が「森鷗外の郷里にして、少年時代より鷗外に私淑す」・「小説は寡作なるもプリズムの如き詩的色彩と短切な躍動とに富み、「炎」の如きはその典型」と記され、「あとがき」には「伊藤佐喜雄氏のプリズムの如く耀かな光彩」と記されている。「炎」は画家の麻生（東京に住んでいる）を主人公に、麻生が絵を描くために宿泊している旅館のお銀、その兄、お銀の男である塗師屋、同宿の桂老人などを登場させ、麻生にも心惹かれるお銀、心の奥底ではお銀のことが気になる麻生の心情が綴られる。麻生が霧島・雲仙に旅する場面もあり、このあたり、九州と縁の深い伊藤らしい作品といえる。なお、この『珠玉集』には中谷孝雄の「春」も収録されている。伊藤は小説・児童文学・評伝・文壇回想と幅広いジャンルの作品を書いていたといえる。

福田は「僕のゆりかご」（『純情の日』所収、八弘書店、昭和十五年）に、同人雑誌「明暗」の同人のうち蒔田廉と福田だけが学生であったことを述べ、

蒔田が、どうしたきつかけか、新劇協会の故伊澤蘭奢を知つて、みなに紹介した。それで、あの人の周圍の人たちを知り、地味な、つつましいグループであつつた僕たちは、華やかな色彩を加へた。

それまでは、世にでた文壇人、劇壇人を誰も知らず敢てまた近づかうとしなかつた僕たちに、有名無名のいくらかの知己ができた。

蘭奢がなくなつたとき「明暗」はわざわざ追悼號をだしたりした。

と述べている。蒔田廉（筆名）とは蒲池歓一のこと。そして、『純情の日』の版元八弘書店は、福田と大村中学の同窓生（福田は一学年上）蒲池歓一が始めた出版社である。

尾崎宏次の『女優の系図』に、佐喜雄が尾崎に、「父も近所の人も、母のことはひとことも話してくれませんでしたから、母についてはなんにも知らずに育ちました。私たちが親子としてともかくも一緒に暮したのは、昭和三年のほんのわずかでしてね。私は大阪の高等学校に入った年ですが、その年の夏に母は死んだのです。そのときまで、私は伊沢蘭奢という女優がじぶんの母親であるということを知らなかったわけです」と話したという。

『女優の系図』には佐喜雄宛の蘭奢書簡が現代仮名遣い・抜粋の形ではあるけれど掲載されていて、佐喜雄に対する蘭奢の母としての深い愛情が滲み出ており、読む者の胸を打つ。昭和二年四月十六日の書簡には「貴方のとるべき道、私には何ともいえないけれど、大阪へでも出るようになったら、私もちょっと貴方にあいにゆきたいと思います。アクトレスとして。青年としてね。人生のあらゆる感触を大抵知りつくしたつもりの私にただ一つ残された夢はそのことです」と書いている。息子と会うこと、それが「ただ一つ残された夢」という表現が哀しいが、それは母親としての深い愛情を吐露したものである。

ところで、蘭奢の遺稿『素裸な自画像』（鷹羽司編、世界社、昭和四年五月。後に一九九九年三月、大空社から伝記叢書の一冊として復刻）は、息子との再会の場で終わるのであるが、会う前の蘭奢の心の騒ぎが素直に綴られており、そこには「わたしの愛するもの。此の世のかけ替のない宝」と記されており、佐喜雄に対する母の愛を感じる。

『素裸な自画像』には、佐喜雄について、

やがて中学を卒へた彼は、最初から文学志望でしたが、上級学校の選定に就ては、薬種問屋の嗣子でありましただけ、祖父の意見に従へば医大の薬学部か、どこかの薬専を受けなければならず、さりとて年来の志に背きたくはないと言ふので大分煩悶してゐたやうでした。

と記している。

蘭畬と佐喜雄が会ったことは、佐喜雄の代表作『春の鼓笛』にも記されている。この作品で佐喜雄は自分のことを「龍夫」という名前にし、佐喜雄は母と会ったときの印象を「母は腕をあらはにしたうすい夏の服で、臙脂やグリインの模様がそれを彩つてゐた。写真とそつくりの顔立ちではあつたが、愕くほど若々しくみえた」と書き記している。「風呂からあがつて、化粧をうすくした母の顔には、やはり四十といふ年配の感じがあらはれてゐた」とも記す。時に、佐喜雄は旧制中学の生徒である。二人が東京と京都へと別れるとき、「彼女（注・佐喜雄の母）はつと立ち上りざま次の間へ駈けこんでいつた」と記し、

龍夫が後からその間の衣桁にかかつてゐる霜降り服をとりにいくと、鏡台のまへにじつとうづくまつて動かない母の姿があつた。宿浴衣の肩を痙攣させせながら、母は号泣を耐へてゐる風にみえたが、それでも激しく噎せぶやうな涙が咽喉を鳴らしてゐるのだつた。

と綴っている。

息子と別れなければならない母の悲しみである。この場面は、夏樹静子の『女優X　伊沢蘭奢の生涯』（文藝春秋、一九九三年）でも哀しい場面を展開させている。『素裸な自画像』の編者鷹羽司は同書冒頭の「彼女の生涯」で、「彼女の遺児、伊藤佐喜雄氏と、それから福田清人氏から寄せられたものは、遺稿中の一篇「母性は悩む」の中に溶け込んで、現身の『マダムX』の蘭子夫人をクッキリと描き出してくれるものである」と書いていることも心に残る。

福田清人・伊澤蘭奢・内藤民治

昭和三年六月九日、福田は内藤民治から蘭奢死去の知らせを受けた。二〇〇九年十一月三日、立教女学院短期大学・福田清人文庫の集いで行われた宮本瑞夫の講演「女優Xと福田清人―伊沢蘭奢という女優―」の際に配付された資料「福田清人日記より　伊澤蘭奢・「明暗」に関連する記述」によれば、福田は速達で蘭奢死去の知らせを受け、通夜をして帰ったのだが、寝過ごして火葬場へ行ったけれど間に合わず、十日の日記には「伊沢氏は白骨となつた」、同人と花輪をおくったが、「考へまとまらず」と記している。福田の動揺が伝わってくる。「同人」とは「明暗」同人のことであろう。そして、福田は六月十二日、蘭奢の葬儀に行き、「初めてないた」と書き、九月十五日、蘭奢の百ケ日法要のため増上寺へ出向いたことも記している。

昭和三年七月、「明暗」は伊澤蘭奢追悼号を出した。福田は「伊澤さんの追憶」と題して、「書く事に自信を失つた私を勵まして下さつた事」などを綴り、「追憶はたえない。私はどこからか伊澤さんの瞳が光つて私達の仕事をみつめてゐられる氣がする。勇気を出して歩きつゞけよう。寂しいけれど。」と記している。

『素裸な自画像』に、福田は「最初で最後の臺詞」と題する回想を書いており、「昭和三年五月五日」、福田が笄町の蘭奢の家を訪ねたときのことを記す。そこには「私達は、色々腹の立つ事があつたり、寂しい事があつたり、煩悶があつたり、たまにまた嬉しい事があつたりすると」蘭奢の家を訪ねたと書いている。蘭奢の住まいは「質素な、むしろ貧しいサロンではあつたけれど」「和かな空気が充ちてゐた」という。また、訪ねてきていた佐喜雄を紹介され、蘭奢の舞台稽古を見たこと、徳川夢聲を紹介され、佐喜雄を蘭奢の兄のもとへ送り届けるというので途中まで同行したことなどが記されている。蘭奢の屈託のない姿や先輩知己に対する姿勢が伺えてほほえましい。

福田の「最初で最後の臺詞」は夏樹静子の『女優X　伊沢蘭奢の生涯』の第三章「マダムX」の項に利用されている。福田については「作家の福田清人は、当時東大文学部国文科の学生で、そのサロンの常連でもあった」と記している。

福田は、内藤民治について、「昭和文壇私史」（福田清人著作集第三巻、冬樹社、昭和四十九年）に昭和十三年七月、「知人の内藤民治氏から北千島行きの同行をすすめられた」といい、内藤とは「明暗」を出しているころに知り合った「新劇女優伊沢蘭奢のパトロンで、国際外交の裏面にはたらき、また日魯漁業から運動資金をもらっていたようであった」ことなどを書き、また、「内藤氏は「堤清六伝」を書いており、こんどその続篇を出すので、私に千島の自然描写をかいてほしいというのであった」

と記している。「昭和文壇私史」に、北千島へ行くことを約束して福田は貨物船で函館から釧路を経て、北海を航海し、「原始的な占守島にたどりつ」いたことを書き記し、「内藤氏はロマンチストで、当時アメリカにいたトロッキーを日本に連れだして、日本にすまわせる工作を船中で本気に私に話していた。かつて、ソビエト革命後、すぐ同地に入りトロッキーなどと色々交渉したことのある内藤氏の話は、なかなかおもしろかった」と述べている。

福田は一週間ほど占守、ホロムシロに滞在して北海道に戻り、数日間、函館に滞在し、「内藤氏の代筆で、函館の新聞にその紀行文」を書いた。その新聞の長谷川社長は牧逸馬の父で「明治的な気骨のある新聞社長であった」という。

福田は函館の湯の川温泉にしばらく滞在していて、内藤と共に樺太へ行くことになったのだが、小樽まで行ったとき、福田の家から電報がきて樺太行きは中止し、内藤はひとりで樺太へ向かった、という。

北千島への旅は、福田の小説「北海」（『文藝』昭和十七年一月。短編集『憧憬』所収、冨士書房、昭和十七年九月。『福田清人著作集』第二巻収録、作品社、昭和四十九年二月。『北海道文学全集』第十二巻所収、立風書房、昭和五十五年十一月）にも記され、この作品で内藤は「江藤さん」という名前で登場する。そして「北千島の旅は、江藤さんと同郷で北洋漁業の開拓者T氏の伝記編纂の仕事から、一度北洋漁業の実際を見ておきたいといふ気持であるとの説明だつた」と記している。架蔵の『憧憬』には、福田の自筆で「私の郷愁の書」と記されているから、「北海」も含めた『憧憬』には福田のそれなりの思い入れがあったことを知る。

「重い鎖」と『素裸な自画像』

福田の「重い鎖」は「新潮」昭和十二年十一月号に発表され、創作集『生の彩色』（河出書房、昭和十五年九月）に収録された。『生の彩色』には八編の中・短篇が収録されている。福田は『生の彩色』の表題にはしなかったけれど、巻頭に「重い鎖」を配しており、そこには「重い鎖」に対する自信のほどが示されていると思う。「あとがき」には『生の彩色』が『河童の巣』・『脱出』に続く第三番目の創作集であることを記し、「まづ「重い鎖」「爆音」は、狭い生活のよどみのなかに、鎖にしばられたやうな、過去の姿の残骸を、抜けきらうとして書いた」と述べている。そして、作品「重い鎖」に、恵里が喬吉に「酔払ふか、闇のなかでしか、あなたは、なにかの目に見えぬ鎖に、しばられて、思ふ存分、感情を、表現しえないのね」と言い、それが「耳に残つた」と記している。これが作品の表題と関係したものであろうか。

「重い鎖」に登場する「河村恵里」は伊澤蘭奢、「喬吉」は福田清人、「江藤」は内藤民治である。恵里のところに出入りする若者たちの中の一人に喬吉がいた。冒頭に喬吉が恵里から婦人雑誌の原稿をまとめてほしいと依頼される場面があるが、これが事実であるとすると、蘭奢は福田を文章の世界に生きる、生きようとしている人と見ていたと考えられる。福田は喬吉と恵里との関係について、「喬吉はその後二度ほど、郊外の秘密な部屋をかす家で恵里と会つた」といい、恵里の死後、江藤に呼ばれて遺稿集の編纂を依頼されるとき、江藤がその仕事をする役に自分を選んだのは、「もしかすると自分と恵里との秘密もすつかり知つてゐたのではないかとも考へられもした」と記している。遺稿集とは『素裸な自畫像』である。「重い鎖」に喬吉が仲間の者と出している雑誌を恵里に送ったとき、恵里が「喬吉のものを江藤に読ませたところ、感心してゐた」という文章がある。これが事実であるならば、こうしたことが、遺稿集の編纂を依頼することに繋がっていったものであろう。

「重い鎖」には、江藤（内藤のこと）について「かつてある大雑誌を経営したこともあり、またロシア革命後まつさきに向ふに渡つてシベリア沿海州における森林伐採権、金鉱採掘権を確保してきたこと……」と記されており、「大雑誌」とは「中外」のことと思われる。そうして恵里と江藤との間柄について「恵里のパトロン江藤」と記されている。

喬吉（福田清人と考えてよい）が初めて友人から恵里を紹介されたとき、「貴婦人のやうなかがやき」を感じ、「あふれ咲いた厚ぼつたくも清楚な、太い花房のある白い百合」を連想したという。女優としての恵里については「重厚な地味な恵里の芸風」といい、「次第に努力で磨きだして、今日示す大きな円熟となっていた」、「芸熱心なかの女」と書いている。

「重い鎖」には、喬吉が恵里の「背おふ名声とか、はるかな齢の差とかによつて圧迫感」を覚えながらも、惹きつけられてゆく過程が記されていく。

「重い鎖」の中の喬吉は内藤に対して畏怖のような感じを抱き、内藤の眼を意識している。恵里が急逝したとき、江藤は「告別式はせめて最後なり華やかにしたい」と言い、芝の増上寺の本堂で行ったことが記されている。このあたりのことは「北海」に、江藤さんは文壇方面にもかなり顔がひろかつた。以前綜合雑誌を経営したことがあつたからである。しかしその人柄が世間からかなり飛躍したものをもつてゐたので、なかにはあまりよくはない人の言葉も私の耳に入ることがあつた。しかし江藤さんが亡くなつた女優に対し抱きつゞけてゐる愛情の美しさを知つてゐるので、私は江藤さんの心の一面にある純粋さを知つてゐた。江藤さんは、ある事業の失敗から生活的に参つてゐた時にもかゝはらず、その女優の葬式に、生前その老練な芸にかゝはらず、不遇だつた人の最後をせめてはでやかに送りたいと、増上寺で盛大な告別式をやり、また年忌にはそこに人々を招いて供養することをたやさなかつた。

と綴っている。福田の内藤に対する畏敬の念も伝わってくる。

福田が「抱きつゞけてゐる愛情の美しさ」と記しているように、内藤の蘭奢に対する愛情は深かった。『素裸な自画像』の「火粉の彩光」の項に、一九一八年（大正七年）一月一日に「わたしに対する憧憬と思慕を言葉のかぎりをつくして織り込んだ一片の詩」（「わたし」とは伊澤蘭奢のこと）は、「おお、蘭ちゃんよ」の問い掛けが繰りかえされ、内藤の蘭奢に対する思いが赤裸々に吐露されている。そこには、冒頭からの文三十六行を省略するが、「おお、蘭ちゃんよ、／お前は何と奥深い蠱惑力に富んだ女であらう。／空虚も、野卑も、高慢もない、／たゞ平和な、真純な、そうして羞恥を含んだ、／ときにはまた無邪気と滑稽を語る眼と唇／ときにはまた波瀾と闘争を好むかのやうに――／（中略）／おお、蘭ちゃんよ、／お前は母性の豊潤と、寛容と／そうして落ちついた女の美質とを／誰もが羨むほどに、よく備へてゐる。／満足に、健全に、「自然」の迫害をうけずに、／（中略）／お前の面輪の曲線と、乳房のふくらみは／世界の名工が生涯を賭して／彫刻の苦心を加へた千古の芸術品！（以下略）」と綴っている。

一方、蘭奢は、『素裸な自画像』の「愛の巣」の項に、内藤を「N」と記し、

社会生活に於けるNは、彼の閲歴がそうであるやうに、多くの場合国際関係の問題に掌はつてをりましたが、芸術に対しても可なりの理解を有ち、わけて芝居には通じてる方でしたから、わたしを女優として完成させ、わたしを媒体として彼の芸術境を再現させやうと云ふくらゐに考へてゐるのでした。

と述べている。

内藤民治は大きな心の持ち主であった。福田が内藤に対して最初は敬遠するような姿勢を示しているが、蘭奢の死後、次第に親しみを抱くような態度に変化してゆく。内藤もまた福田に信頼と親しみを抱いていたと思われる。内藤や蘭奢に対する畏敬・懐しさ。これが福田に「重い鎖」や「北海」を執筆させるにいたった動機であろう。

なお、「夜寒な戀」（文學時代、昭和七年一月。昭和八年・金星堂刊『河童の巣』で「夜寒」と改題。『福田清人著作集』第一巻収録）の「菖子」は蘭奢がモデルで、作品末尾の墓場での光景など「重い鎖」と重なる部分がある。

（相模女子大学名誉教授）

付記　書名の発行年月の表記はその本の奥付の表記によった。元号と西暦が混在しているのはそのためである。

独り醒める者として——蒲池歓一——

森　美樹子

詩人で中国文学者だった蒲池歓一《かまち》が生まれたのは、伊澤蘭奢より十六年後の明治三十八年（一九〇五）。二人の人生が交錯したのは、出会いから蘭奢の死までの二年間ほどである。

蒲池歓一は五人兄弟の長男として、長崎県諫早市に生まれた。諫早は鎌倉時代から開けた城下町で、北方になだらかな山系、市内三方はそれぞれ三つの湾に囲まれた自然豊かな地である。

小学校を卒業した蒲池は、諫早から約一〇キロ離れた大村市にある長崎県立大村中学校に入学する。同市もまた千年以上にわたって大村氏が統治した城下町である。市街を貫く長崎街道は、西洋や江戸の文化・物資が往き来し、宿場を始め玖島《くしま》城址、武家屋敷跡など多くの史跡・歴史的建造物が現存する。市街の西に面した大村湾は、開口部が二百米《メートル》足らずのほとんど湖と言っていい穏やかな湾で、ふりそそぐ陽光は明るく開放的である。豊かな風土と時空を超えたロマンが、彼の文学的資質に大きな影響を与えたことは想像に難くない。

蒲池が過ごした大正期の大村中学校は、藩校の精神を引き継ぎ文武両道を謳う進学校だった。すでに文才に抜きんでていた彼は、校友会誌「玖城」の編集や詩作に情熱を注ぐ。上級生に福田清人、同級生には同じ諫早出身の伊東静雄がおり、彼らとの交流は終生、公私にわたって途切れることがなかった。

在学中に父を亡くした蒲池は、中学卒業後、叔父を頼って上京し、日本大学に入学。中学の先輩が主宰していた文芸雑誌の編集を手伝いながら、詩を発表する。その後、家庭の事情で入学を中退し、一たん帰郷するが、大正十五年（一九二六）、再び上京して國學院大学へ入学した。当時、同大学教授に民俗学の基礎を築いた折口信夫がいた。

國學院在学中の蒲池が若い仲間と起ち上げたのが同人誌「明暗」である。二号からは東京大学入学を機に上京した福田清人が加わる。ちなみに伊東静雄が初めの詩「空の浴槽」を発表したのは「明暗」十三号であった。蒲池は「明暗」について、「私の東京に於ける全学生生活の時代を通じてのものだつただけに、意義深いものがあつた」と述懐している。この「意義深いもの」のひとつに伊澤蘭奢との出会いがあった。

大正から昭和の初期、演劇界は文壇との結びつきが深く、多くの作家がシナリオを書いている。伊澤蘭奢が女優として開花した大正十四年から十五年にかけて、蘭奢は翻訳を含めると、秋田雨雀、横光利一、正宗白鳥、岸田国士、山本有三、谷崎潤一郎、菊池寛、夏目漱石等々、そうそうたる作家の作品に出演している。元来文学少女であり英語を学び戯曲や小説を読みふける彼女には、文士や知識階級からのファンも多かった。蘭奢が暮らす間借り家の二階は、芝居好きの演劇青年や新聞記者が集まるサロンのような雰囲気であったという。そのころのことを福田清人は「蒔田[註1]が、どうしたきつかけか、新劇協會の故伊澤蘭奢を知つて、みなに紹介した。（中略）地味なつつましいグループであつた僕たちは、華やかな色彩を加へた」と記している。

蒲池歓一の性格を「ひとなつっこい」「温かい」と表現する友人が多い。彼と蘭奢との出会いが具体的にどのようなものであったかは不明だが、蒲池のそんな性格が蘭奢に引き合わせたのだろう。彼らは若者らしい喜怒哀楽の感情をぶっつけに、足繁くサロンを訪れた。彼女もまた、よき話相手としてだけではなく、「明暗」の会合に出席したり詩を寄稿して彼らの情熱に呼応した。

それにしても、大女優伊澤蘭奢の住まいがサロンにまで発展したのは、両者の感情のバランスがうまく取れていたからではなかったか。

昭和二年（一九二七）、蘭奢は幼いころに別れた一人息子伊藤佐喜雄との文通が始まり、その年の夏には再会を果たしている。母親として蘭奢は、文学を好む青年に育った息子にとって、兄に近い年齢の文学青年たちとの交流を喜ばしいと思っただろう。サロンに出入りする彼らを、繁く会えない佐喜雄と重ね合わせることもあっただろう。さらに、若い青年たちの熱い眼差しは、女優としての価値を計るバロメーターであったかもしれない。

一方、地方から上京してきた若者にとって、伊澤蘭奢は華やかな女優というだけではなく「母であり姉であり、すべてのやさしい女《ひと》」であった。加えてミューズから微笑を受けた者の宿命のように、彼女にはどこか死の影がつきまとっていた。遠い目標と定めていた松井須磨子や、贔屓にしてくれた芥川龍之介の自死。身内では大正十四年（一九二五）津和野から呼び寄せ同居していた母を亡くしている。蘭奢自身、「わたし、四十歳までには死ぬの」が口癖だった時期があったという。

一年に十本以上の役を演じ分ける精神的危うさ。三十の半ばを過ぎ、衰えゆく肉体・美貌への恐れ。光と影の間を揺れる彼女は、青年たちの心を虜にしたに違いない。

昭和三年（一九二八）、蘭奢急逝後、直ちに出された「明暗」追悼号に同人達が哀切な文章を寄せている。亡くなる前日にたまたまサロンを訪ねた蒲池歓一は、追悼文「後より行く者の言葉」の中で、「あなたは歡んで迎えてくれたのに、氣分屋の僕はいやな男が來てゐた爲碌々にあなたとも口を利かなかつた」と、若い嫉妬を吐露した後、「あなたは私に取つては總てであつたのだ、母の様な、そう母、（中略）私はこれから先のことをあなたと切放して考へることは出來なかつた。（中略）又一つ、砂上の夢がこわされて行つた。死はそこに迫つてゐる、人間は無の上塗りをしてゐるに過ぎないのではないか。

樹　海

死は紅い芽を出し／黒い枝を張り／行手／樹海の様にも／茂る枝　影かげ影。」と書いている。また彼女の死をイメージしたと思われる同時期の詩「黒髪」では、

「一束の黒髪／手に取れば／ひえびえと／立昇るよ冥府のにほい（中略）あゝゆふべ／戀人の墓を發ける男は／夜明灯の暗き部屋に座りゐて／髪の束冷たきを指にまさぐり／指に巻けば／なめらかなるこ

の黒髪は／生きてゐるなり／（中略）我地獄の火をも恐れじ／されど天なる君が靈よ／今一度地に降りて我に死の唇を許せ／死のたまゆらの其ひと時をこそ」と書く。

決して「母のよう」だけではなかった蘭畬の死によって、蒲池の心にぽっかりと虚無の穴があいた。昭和四年（一九二九）、「親戚のおかげでやつと学校をでると、より好みなどしてゐられなくて」、教科書や字典を編纂する中文館書店に就職する。昭和六年（一九三一）には、郷里の母と三人の弟妹が蒲池を頼って上京。「家庭の事情の重荷といふやうなものは、若い心に文学を育てるゆとりなど与えな」かった。「明暗」は十三号を最後に昭和五年（一九三〇）廃刊。同志であった福田清人が東大の左翼系の雑誌に招かれたことに対して、「当時私は左傾しないことを彼から笑はれたものであつた。さりとて現実はその様な火遊びを私にゆるさなかつた」と振り返る。逼迫した生活者としての蒲池の顔が見える。

そんな中、福田を通して知り合った伊藤整、北海道の詩人更科源蔵、さらには尾崎喜八、上林暁、金子光晴らと交流しながら独自の詩作を目指していく。昭和十四年（一九三九）、出版社八弘書店を創設。戦時下、出版数社を統合した帝国図書の専務になるが、終戦後、妻と菓子店を営みながらの文筆業に入った。

彼は自身の性格を、北海道育ちの伊藤整を引き合いにして、「（北方の）人々は非常な力強さで結びついてゐて、他の人々にもその暖い手を延ばすのだが、（中略）最後には個人としての一線がある。（中略）それにくらべると九州人の私等は、それこそ実はずるずるべたべた」であり「草木や自然が好きで、人に傷められては拗ねて自然の方に顔を向けがちの、単純な詩人」と自己分析する。明るい性格で多くの誌友と親交があった蒲池だが、時には思い入れが強すぎて、齟齬を生じたこともあったという。彼はそんな自分を律し、「外部からも内部からも」「あとずさり」しながら、市井の暮らしの中に潜む美的なものを見続けた。

昭和二十八年（一九五三）に上梓した初めての詩集『石のいのち』には、大学時代から戦後の作まで約八十編が収められている。作品は自然や動植物を素材にしたものが多く、対象との間に言葉の橋を架けるような柔らかな筆致である。同時に、行間にはひっそりと風がとおり抜けたような寂しさが滲む。

戦後は詩作のみならず、古典文学研究、評論、評伝、中国文学研究など、表現の場を広げていく。昭和三十一年（一九五六）、國學院大学、翌年日本大学講師。昭和四十年（一九六五）、奥州大学教授を歴任し、中国文学・古典文学などを講じた。

晩年、蒲池が最も力を注いだのは漢詩の現代語訳だった。最後の著作『漢詩大系第二十一巻　高青邱』の青邱《せいきゅう》は奇しくも伊澤蘭奢と同じ三十九歳の若さで不遇の死をとげた中国・明代初期の詩人である。蒲池が青邱に献じた詩の中に「独り醒める者」(註2)という詞がある。それは蒲池歓一が思索の果てにたどり着いた境地でもあったのではないか。

昭和四十二年（一九六七）、肝臓がんで死亡。

「人にあいそよく迎へられるといふことの／何でこんなにうれしいものか／つとめてのあいそも大変なことなのだ／そんな上に立ってゐる／人と人とのつきあひの空しさ／空しさの上に作られる世界を／楽しいといへば楽しいもの／いや、人の世のたのしみは／所詮はそこらにつきるのだらう。」

明治・大正・昭和のめまぐるしい時代を、人を愛し東洋的な抒情を愛し、市井の中で生き抜いた六十二年の人生だった。

（「九州文學」同人）

註1　蒔田―蒲池歓一のペンネーム。

　2　独り醒める者―中国の古書『菜根譚』の一節。既成の価値観に捉われない身も心も自在の境地。

参考文献

蒲池歓一著『詩集　石のいのち』（森北出版、昭和二十八年）

蒲池歓一著『伊藤整―文学と生活の断面―』（東京ライフ社、昭和三十年）

蒲池歓一著『漢詩大系第二十一巻　高青邸』（集英社、昭和四十一年）

平田徳男著『新訂　長崎の文学』（新訂長崎の文学研究会、昭和六十一年）

志村有弘著『九州文化百年史』（財界九州社、昭和六十三年）

夏樹静子著『女優X　伊沢蘭奢の生涯』（文藝春秋、平成八年）

立教女学院短期大学図書館編『福田清人・人と文学―「福田清人文庫の集い」講演集―』（鼎書房、平成二十三年）

福田清人編集「明暗」八号・十号（明暗発行所、昭和三年）

蒲池歓一編集「明暗」十三号（明暗発行所、昭和五年）

和田豊彦編集「春夏秋冬」十二号（春夏秋冬の会、昭和四十三年）

立教女学院短期大学図書館編「福田清人文庫　二十号　展示会記録」（平成二十一年）

女優　伊澤蘭奢

蘭奢の演劇活動

八重瀬けい

伊澤蘭奢遺稿『素裸な自画像』の女優志願の項に、蘭奢は女優になりたい想いを書いている。〈わたしは二十二・三の頃から女優になりたいと思つてをりました。もとより明確な芸術的意識というようなむづかしい考えもなく、ただ漠然と女優になつてみたいと思う念願が胸一杯でありました。〉そして、大正七年（一九一八）二月末二階の窓越しに新橋駅のプラットホームが見える上山草人主宰の「近代劇協会」に入団する。念願の女優への第一歩である。蘭奢二十九歳。

今の時代でも、夫と離婚し六歳の我が子を婚家に残し、単身田舎から上京するというのは、相当な覚悟がいる。蘭奢はまずそれを乗り越えた。その後の蘭奢の女優としての足跡を辿りたい。

大正七年六月五日より十四日まで、「近代劇協会」の第十一回有楽座公演『ヴェニスの商人』で初舞台を踏む。ポオシャ姫の侍女ネリッサの役である。しかし、本公演の前五月に、早稲田劇場で同じ演目のポオシャ姫の役で伊沢暁生という名で出ている。『素裸な自画像』の「蘭奢フロニカ」ではこれを蘭奢の〈初舞台なり。〉と記載されている。

六月のネリッサの役は好評で「伊澤蘭奢のネリッサも落着いた良い芸風を見せていた。この人の声調や体格容貌は、練達の努力如何によって大きな未来を産む事が可能であるように思われる」など。

九月六日から十五日まで有楽座の公演でオスカー・ワイルド作・谷崎潤一郎『ウヰンダミヤ婦人の扇』バーヴヰック婦人の役。ソログープ作・昇曙夢訳『死の勝利』魔女アリギスターの役。芸名の伊澤蘭奢は当初蘭麝としていたが、この公演で蘭奢と改めた。

十月十五日〜十九日には『ヴェニスの商人』のネリッサを再演。ストリンドベリイ作『女優二人』の夫なき女優役。

大正八年（一九一九）一月三十一日から神戸・湊川聚楽館でスウトコ作『腕環』アリス・ウェスタン夫人。五日置いて二月十二日〜十六日、有楽座にてシェークスピア作・坪内逍遥訳『リヤ王』次女リガンをそれぞれ演じた。

この公演は「近代劇協会」上山草人外遊記念公演で、これを最後に「近代劇協会」は解散。入団して一年足らずの突然の出来事に蘭奢は茫然とするが、それは他の団員も同じであった。しかし大赤字を抱えて上山はもう身動きが取れなかった。その状況では団員も無下に主宰者を責める事はできず誰かが言いだした「餞別出演」という想いで公演に臨んだ。「朝日新聞」の評で名倉聞一より「蘭奢のリガンが一番良かった」と評される。蘭奢はこの先行き不安な時、内藤民治と結ばれ、その後、大森近辺に民治が家を借り蘭奢はそこに移り住む。

上山夫妻が渡米した後、舞台協会の赤坂帝国館での公演に蘭奢は客演した。生田長江作「円光」の歌津子役とチェーホフ作「犬」の娘ターリヤ役であった。

その後民治の紹介で畑中蓼坡《りょうは》が主宰する出来たばかりの「新劇協会」に入団する。第一回公演は大正八年六月十六日～十八日まで、長田秀雄「轢死」のお定役、チェーホフ作「叔父ワーニャ」エレナ夫人を有楽座で演じる。

このエレナ役は、評論家兼劇作家の仲木貞一が「讀賣新聞」で〈最も確実に板についているが、それが決して悪達者らしい傾向を帯びていないのは実に嬉しい事だ〉と蘭奢を誉めている。畑中にとって蘭奢は劇団のプリマとして捉えていたので、上々のスタートであった。

しかし、この公演終了後に、畑中と後援者間でトラブルがあり、畑中は「新劇協会」を閉鎖する。蘭奢はこの年、花田律子の主宰する「国民座」の公演に客演したのを最後に、しばらく舞台から遠ざかった。

『素裸な自画像』の「蘭奢フロニカ」にはこう書かれている。〈大正八年九月より十一年五月迄、声楽、舞踏、外国語等の練達に意を注ぎ、同時に演劇、戯曲に関する読書生活を為す〉生活の中に舞台の稽古や公演のない日常は、蘭奢にとっては、愛する民治が足繁く通って来る穏やかな日々だった。

大正十一年（一九二二）民治の勧めで、松竹蒲田撮影所へ入社。芸名を「三浦しげ子」とする。これは蘭奢の心の中にずっと住み続けている息子佐喜雄に、己の存在を知らせたいというサインであった。

平成二十八年（二〇一六）発行の『森鷗外記念館会報ミュージアム・データ20』の蘭奢が出演した映画一覧表には、大正十一年～大正十五年（一九二六）までに合計十七本の映画に出演している。その中で、佐喜雄は山口中学の二年生の時、下宿先の町の活動写真館で「噫無情」のキャストの中に「三浦しげ子」の名前を見つける。母のサインを受取った瞬間であった。

出演した映画のタイトルのみ記述する。

○大正十一年（一九二二）「新しき生へ」「傷める小鳥」「黄金」○大正十二年（一九二三）「狼の群」「宮城野の老女」「歸らぬ人形」「噫無情」「温き涙」「大東京の丑満時」「森訓導の死」「人性の愛」「人肉の市」「小染と欽也」「二人の孤児兒」「懐かし母」○大正十四年（一九二五）「輝ける扉」○大正十五年（一九二六）「國境の血涙」以上。

大正十二年（一九二三）九月一日、関東大震災発生。その時蘭奢は大森の借家にいたが、すぐに外に飛び出し無事であった。同年、浅草御國座のシャトリアン作「ペルス」に市長の妻に扮して客演。十二月二十一日～二十三日まで新劇協会の第四回公演に蘭奢は復帰する。

演目はシング作「西の人気男」後家クインの役。ストリンドベルク作「犠牲」長女アデエル役。震災で多くの劇場が崩壊し、場所探しに畑中は奔走、結局小さな会場ではあったが、渋谷道玄坂九頭竜女学校講堂を借りられた。この久々の新劇の公演を人々は待っており、新聞も好意的な批評であった。

大正十三年（一九二四）一月十日～十二日チェーホフ作「熊」主演の未亡人ポポウ、同時上演のシング作「西の人気男」後家クイン、ストリンドベルク作「犠牲」長女アデエル役。この三本を仙台市仙台座にて公演。

東京に戻り二月十六日より十七日まで帝国ホテル演芸場でも、「西の人気男」「犠牲」を再演。特に「西の人気男」の後家クインが好評で、その後蘭奢の当たり役の一つになった。

五月二日より六日まで帝国ホテル演芸場で　新劇協会五周年記念公演、チェーホフ作「桜の園」蘭奢はラネーフスカヤ夫人に起用される。続いて五月二十四日から四日間、渋谷百軒店聚楽座で「熊」「西の人気男」「桜の園」再演。蘭奢のラネーフスカヤ夫人は多くの人々に感銘を与え称賛された。

帝国ホテル演芸場で「桜の園」を観た演劇評論家の八田元雄は「ぼくが行った時は芥川龍之介が見に来ていましたが、休憩の時、ロビーに出て来てしきりに伊沢蘭奢を誉めていました」と言ったと言う。どこがそれほど称賛されたのか、蘭奢の『素裸な自画像』の「蘭奢の人と芸」の項で、仲木貞一は追悼文の中にこんな供述をしている。

〈世間に、女優の数は無数にあるけれども、母性愛を示し、世帯の味を、上品に表現し得る女優は、殆ど今まで一人も無かつた。彼の松井須磨子は、上手くて熱があったけれども、上品な家庭の主婦とか、母性愛を示す柔かな、ふくよかな女性とかは、全く示す事ができなかつた。（中略）ところが、斯うした難しくて、然も滅多にやり手のない役を引き受ける人が現れて来た。それは実に蘭奢女史であつたのである。彼女の過去の生活境遇がよかつた事と素養を充分に持つていた事が、この上品な奥様と母性愛を示す以外に、更に彼女を立派に価値づける事になつたのである。〉

仲木は後に『マダムX』を翻訳脚色し、蘭奢はそのヒロインを演じる事になる。

さて、大正十三年は他に、第七回新劇協会の公演が、十月二十三日から三日間帝国ホテル演芸場で上演。久米正雄作『帰去来』娘さよ役、岸田國士作「チロルの秋」ステラ役。

いずれの役も好評であった。さらに十一月、日本橋劇場の兄弟座に客演。鈴木泉三郎作「山芋秘譚」の海野きくを演じる。十二月に新劇協会は築地同士会館と毎月興業の契約を結ぶ。

その第一回目公演で蘭奢は、武者小路実篤作「張男の最後の日」の夏子、岩野泡鳴作「閻魔の目玉」の鈴木をそれぞれ演じた。

大正十四年（一九二五）一月三十日より五日間、築地同士会館での第2回公演。高田保作「ジャプ」の夫人役、秋田雨雀作「手投弾」の少女役、横光利一作「食わされたもの」のお富。二月二十六日より三十日まで、築地同士会館で正宗白鳥作「隣家の夫婦」のたみ子、

金子洋文作「息子」の居酒屋の主婦を演じる。居酒屋の主婦の役は「シグサといいセリフといい眞に迫って、個性をよく出して見せた」と評される。

五月一日より新宿白鳥座にて、正宗白鳥作「ある心の影」辰江に扮する。また、この年ラジオの放送が開始され、蘭奢も十二月、本郷春台郎作ラジオドラマ「隅田川」に出演。

大正十五年（一九二六）新劇協会第十一回公演、一月帝国ホテル演芸場にてストリンドペリィ作・山本有三訳「死の舞踏」アリセ役。以降帝国ホテル演芸場での公演の演目と作者及び蘭奢の演じた役を記述する。三月十八日より二十二日まで、ヘッペル作「ユウデット」のユウデット。四月二十三日～二十五日「西の人気男」後家クイン。六月、正宗白鳥作「歓迎されぬ男」くに子。長與善郎作「エ

ピクロスの快楽」の女役。九月、谷崎潤一郎作「本牧夜話」初子。正宗白鳥作「最後の女」たま子役。十一月、菊池寛の創設した文藝春秋社が新劇協会の経営にのりだし、提携第一回公演チェーホフ作「記念祭」のナスターシャ役。

横道にそれるが、菊池寛が畑中蓼坡を支援した訳は、厳しい経営状況の中で頑張っている畑中へのエールと、築地小劇場への反発もあった。大正十三年に旗揚げし、専用の小劇場も開場した小山内薫、土方与志らの築地小劇場。第一回公演の前に、小山内薫は講演で「未来の日本の演劇のために」と強調した上で「私たちはここしばらく翻訳劇を上演します。なぜなら、私たちは日本の既成作家の創作から何等演出欲をそそられないからです」と言った。

翻訳劇か創作劇かの論争がここから始り、山本有三はこう反論している。「その時代の作家をそっちのけにして、新しい演劇の運動に成功した劇団がかって世界にあっただろうか。少なくとも誤訳物をやる位なら、現在の日本にも上演するに足るべきものはかなりあると信じる」菊池寛、久米正雄なども同意見であった。このような演劇界の状況で、菊池は、新劇協会をバックアップするのである。さて、第一回提携公演は「記念祭」の他に、關口次郎作・演出「鴉」、蘭奢は女中の役。村山知義作・演出「勇ましき主婦」エンミイ。金子洋文作・岸田國士演出「盗電」、蘭奢はこの作品の中で、一人四役をこなした。

大正十五年十二月二十五日大正天皇崩御、昭和元年は数日で終わる。

昭和二年（一九二七）二月二十五日〜三月六日、帝国ホテル演芸場にて第二回文藝春秋社提携公演。

池谷信三郎作・演出「三月三十二日」ロッテ役、菊池寛作・演出「乳」おます役。この時は国民新聞にロッテ役の蘭奢の評が載った。「過去に暗い生活のあつた女の持つヒステリックな気持ち―一寸した事にでも直に泣いたり、笑つたりする感傷的な心情が良く表現されていた」

四月十七日〜二十四日。新劇協会第十八回公演（文藝春秋社第三回提携）帝国ホテル演芸場、久保田万太郎作「短夜」およし役。岸田國士作「葉桜」の母役。ジュウル・ロマン作・岩田豊雄訳・演出「クノック」パルパレエ夫人に扮した。ちょうどこの頃、蘭奢は息子佐喜雄への手紙に仕事の事を書いている。〈佐喜雄様　明日が初日です。連日の稽古に疲れたからだを、きよう一日ゆつくりさせてます。初日の明く前の気持ちは、俳優にとつて永久に新しい興奮です。〉

五月帝国劇場にて、岸田國士作・演出『温室の前』大里牧子役。蘭奢が十六年前はじめて「人形の家」を観た帝国劇場。その舞台についに女優として立った蘭奢。新聞各紙は牧子役の蘭奢に賛辞をおしまなかった。

すでに蘭奢は名実ともに、新劇協会のトップスターであったが、松井須磨子亡き後の、新劇界を牽引している蘭奢に、この時から「大女優」という言葉が定着した。

しかし、興行成績はあまりよくなく、菊池寛は五月帝国劇場公演を最後に、新劇協会から手をひく。畑中をはじめ団員は、再び自分たちで盛りたてようと、決意を新たにする。

六月、常打ちの帝国ホテル演芸場にて、新劇協会第二十回公演、金子洋文作・演出「牝鶏」およしに扮する。七月、浅草松竹座に客演「牝鶏」およしを演じる。七月三十日ラジオドラマ、久保田万太郎作「火取りむし」に出演。八月末〜九月は珍しく短い客演とラジオの出演があるのみであった。この機会に蘭奢は、息子と浜松で再会をはたす。

九月二十七日より二日間、名古屋新聞社公演で「牝鶏」を名古屋新守座で上演。十月十四日〜二十二日。帝国ホテル演芸場にて第二十一回新劇協会公演。長谷川如是閑作「根菅充填《こんかんじゅうてん》」の漂白の女に扮する。

昭和三年（一九二八）一月、帝国ホテル演芸場、仲木貞一翻訳脚色「マダムX」江藤蘭子役。この作品は、原作が映画でよく知られていた事、ヒロインと蘭奢の境遇が重なる部分が、観客の興味を引き大きな反響があった。

蘭奢の今までとはまた異なる、迫真の演技に人々は魅了された。三月には新劇協会第二十二回公演、浅草公園劇場で「マダムX」再演。他に夏目漱石作・金子洋文脚色「吾輩は猫である」苫紗弥先生の夫人役。五月前田河廣一郎作「黙祷」看護婦役。これが最後の蘭奢の舞台となった。六月八日蘭奢脳出血で死亡。

幼い頃の芝居ごっこに始まり、己の生き様を貫く為に必死で努力した伊澤蘭奢。郷土史家の山岡浩二氏によると、地元津和野には、戦前から昭和三十年前後まで、芝居小屋が一つ、二つあり、演劇が盛んな町だったという。「蘭奢が生きていたらきっと、この町で凱旋公演したでしょうね。いや、絶対していると思います」この言葉を天国の蘭奢はどう聞いただろう。捨てたと思っていた故郷は、実は蘭奢の勇気と志を静かに応援していたのだ。

『素裸な自画像』より。〈楽屋で出の時間を待つわたしは胸さわぎがしました。むせるような脂粉の香。きらびやかなさまざまな衣装。取り乱された室内の光景。けたたましいベルの音。小さな誇り小さなねたみ、興奮、疲労。すべてこれらが交差する裡に（略）〉舞台に魅了された蘭奢は女優道を貫いたのだ。

（「九州文學」同人）

参考資料

鷹羽司編『素裸な自画像』（「伝記叢書319」大空社、平成十一年）
伊藤佐喜雄著『春の鼓笛』（鬼澤書店、昭和十八年五月）
夏樹静子著『女優X　伊沢蘭奢の生涯』（「文春文庫」文藝春秋社、平成八年四月）
戸板康二著『物語近代日本女優史』（「中公文庫」中央公論社、昭和五十八年十月）
『森鷗外記念館ミュージアムデータ20』（森鷗外記念館、平成二十八年三月三十一日）
田中栄三著『新劇その昔』（文藝春秋新社、昭和三十二年十月）
山岡浩二著『津和野をつづる』（モルフプランニング、平成二十六年八月）

仲木貞一著「マダムＸ」

青柳まや

「マダムＸ」は、アレキサンドル・ビュイッソン原作の戯曲で、フランスの舞台女優であるサラ・ベルナールが主演して好評を博した。その後、大正九年（一九二〇）にはアメリカにおいて、ゴールドウィン社で女優のポーリング・フレドリクスが主演して映画化され、サイレント映画時代の傑作といわれた。アメリカでは、戦前、戦後を問わず、その後も何度か同作が映画化されている。日本においては、大正十一年（一九二二）一月に神田東洋キネマで封切られて、「マダムＸ」のタイトルだけではなく、「母の旅路」のタイトルでも映画化されている。もともとは、島村抱月の翻案で、松井須磨子が上演する予定の演目の一つであったが、抱月が大正七年（一九一八）にスペイン風邪によって病没し、翌年、須磨子が抱月の後を追って自殺したことによって、計画が頓挫したという。二人の死により、劇団の芸術座は解散した。

伊澤蘭奢が主演した新劇協会の「マダムＸ」は、アレキサンドル・ビュイッソン原作の戯曲が英文の小説に訳されていたものを、劇作家で編集者でもある仲木貞一（一八八六〜一九五四）が、更に内容を、日本を舞台としたものとして改め、翻案、脚色した作品である。仲木はもともと、解散した芸術座に所属していた。新劇協会は、アメリカ帰りの畑中蓼坡（一八七七〜一九五九）が起こした劇団で、蘭奢は大正八年（一九一九）にこの劇団に加わり、同劇団の看板女優となった。

新劇協会は、昭和二年（一九二七）の年末から「マダムX」の稽古に入った。主な制作者や出演は、次の通りである。脚色…仲木貞一。演出…川口松太郎。マダムX（江藤蘭子）…伊澤蘭奢。福田頼造と蘭子の実子である堀麗吉の二役…伊志井寛。堀輝雄検事総長…畑中蓼坡。裁判長…藤代謙作。「マダムX」は昭和三年（一九二八）一月十四日から、帝国ホテル演芸場で十日間公演されて好評を博した。原作が映画化されてよく知られていたことから、注目度の高い公演であった。その後、約一ヶ月後の三月一日から、観衆のアンコールを受けるかたちで、浅草公園劇場で再演が行われた。この公演は新劇協会の第二十二回公演で、四十日間続演されたという。

仲木貞一の「マダムX」は、昭和四年（一九二九）に設定されており、その筋書きは次のようなものである。ヒロインの江藤蘭子は、上流階級の生まれで、持参金三万円で検事の堀輝雄に嫁いで男の子をもうけた。しかし、夫の輝雄は書斎にこもりきりで、妻の蘭子を全く顧みず、冷酷な態度をとっていた。そのため、寂しさに耐えかねた蘭子は、夫の友人と男女の過ちを犯してしまい、その結果、子供を残して家を追われることになる。一度は、子供の大病を聞いて家に帰り、夫に詫びるが、夫は蘭子を許さず、子供にも会わせてくれない。自暴自棄となった蘭子は、男に騙されて売られ、南米、ヨーロッパ、シンガポールなどの地を転々とする。そして、福田という前科数犯の悪漢の情婦となり、二十三年経ってようやく日本へ帰り、横浜の寂れた旅館に宿をとる。

そのころ、蘭子の夫であった堀輝雄は検事総長に昇進していた。そのことを知った福田らの一味は、堀を恐喝して、残された蘭子の持参金三万を奪おうと企む。しかし、福田はそれを止めようとした蘭子と争い、蘭子は福田をピストルで射殺してしまう。

蘭子は殺人の罪に問われて法廷に立ったが、その際、蘭子の弁護人となったのは、この事件が初弁護となる堀麗吉という若い弁護士であった。堀麗吉は、かつて蘭子が日本に置いてきた子供であったのである。蘭子も麗吉も、お互い親子の関係にあることは一切知らない。麗吉の父である堀検事総長が、息子の初法廷である、蘭子の弁護を聞きにくる。

ところが蘭子は、夫や息子の名誉を守るために、堅く口を閉ざし、法廷で自分自身のことを一切語らないために、誰も彼女の身許や姓名が分からない。蘭子は、謎に包まれた被告人Xであり、「マダムX」のタイトルもここに由来する。彼女はただ、福田を射殺した犯行の動機について、「最愛の者に、最も大きな不名誉と苦痛を与えようとしたから殺しました」と述べるのみであった。

この裁判は、陪審員裁判であった。堀麗吉弁護士は、彼女の不幸な人生や内に秘められた悲痛な愛、彼女をそのような境遇に追いやった男の罪を、陪審員に向かって熱心に訴え、正当防衛による無罪を主張する。結果、陪審員は無罪の評決を下すが、蘭子は自分を死刑にして欲しいと叫んで、その場に倒れてしまう。

傍聴に来ていた堀検事総長は、被告人がかつての妻であることに気づき、また、息子である麗吉の熱心な弁論に心を打たれた。堀検事総長は、蘭子に対するかつての冷遇を詫び、倒れた蘭子は麗吉に抱き上げられるが、蘭子は自分の息子に抱かれていることにも気がつかず、そのまま亡くなってしまう。「マダムX」の江藤蘭子は、かつて島根の津和野にある婚家に、六歳になったばかりの息子の佐喜雄を置いて上京し、女優の道を目指した蘭奢の境遇とよく似ていた。尾崎宏次氏は、『女優の系図（朝日新聞社、一九六四年）の中で、「おそらく脚色した仲木貞一には蘭奢自身の投影を書き込むぐらいの気持ちがあったのであろうか」と述べている。

なお、「マダムX」が公演される前年の昭和二年（一九二七）八月二十五日に、蘭奢は静岡県の浜松駅で息子の佐喜雄と再会している。イラストレーターの山口はるみ氏は、『21世紀への伝言［62人の肖像］WOMEN』（六輝社、二〇〇〇年）において、この時の蘭奢と佐喜雄の再会について、「それは翌年上演された「マダムX」にも似た母と子の恩讐を超えた透明な時間だった」と述べている。

「マダムX」における蘭奢の演技は卓越しており、「朝日新聞」の「辛二」という署名批評においては、「円熟した技能を写実に透徹させ、観衆の心を充分に奪つてゐた。最後の法廷の場の如きは極致的効果をあげ、他の追随を許さぬ深さと広さの演技を感じせめた」と激賞されたという。夏樹静子『女優X』（文藝春秋、一九九六年）によれば、第一場の横浜旅館の場面においては、蘭子が洋装の上に褞袍《どてら》を掛けて、トランプ占いやエーテルを飲んで怒鳴り散らすその様が、いかにも淪落の女になりきっており、早くも観客の魂を魅了してしまったという。また、法廷の場面においては、蘭奢が黒の洋装をして、断髪を黒布で隠し、凄味を持たせるように、顔を蒼白くした扮装が他を圧していたといわれる。

当時、「マダムX」を観劇した小説家の小寺菊子は、「年齢からくる心構へ」（鷹羽司『素裸な自画像』大空社、一九九九年）の中において、蘭奢と「マダムX」について、次のように述べている。「私は現代の女優中では蘭奢が最も好きな一人でした。（中略）「マダムX」を見た日は最終の日でしたけれど、あんな狭いホテルの演劇場に、客が七分はどうか、と気づかはれるほどの入りでしたので、私はひとりで憤慨したことでした。そして、昔須磨子全盛の時代に、私たちまでなんのかんのと云つちや見物に引張り出されてゐたことを思い出して、一つ蘭奢のために私たちの力を持つて、後援会のやうなものでも作つたらどうだらう、など〻考へたことでした。（中略）「マダムX」を見たのが最後でしたが、法廷の場にはすつかり心を打たれました。あの悲壮なほどの状態と堪え入るばかりの母性愛を幾多の苦悩と戦つて来た身裡に堅く秘めてゐる、おそろしいほどに落ちついた演技は、あの人をおいて誰にもあれほどには現はしえられなかつたであらうと、私はひどく感激したのでした。」。

蘭奢の演技は、大正十五年（一九二六）十一月に村山知義作の「勇ましき主婦」において、蘭奢と共演した俳優の三島雅夫が、「佐多稲子さんに女優らしい何かをつけ加えたら、そっくりそのまま伊沢さんになりますね。けっして、自分を売物にしないで素直に人間をつくった女優でしょう。私は人間の冠をつけた女優だと思っています。」と評するなど、同じ演劇界の人間からも認められていた。また、蘭奢の声を認めていた、作曲家で指揮者の山田耕筰は、蘭奢を「歌手になってもいいアルトの歌い手になったろう」と評したといわれる。

蘭奢の伝記小説を書いた夏樹静子の『女優X　伊沢蘭奢の生涯』（文藝春秋、一九九六年）によれば、「マダムX」以前の蘭奢は、どちらかといえば客観的な役作りをする女優であり、熱演型ではなかったが、この「マダムX」だけは異なっており、蘭奢はたちまちに役にのめり込み、迫真の演技に没入して、それがますます観客の胸を打ったという。夏樹氏によれば、蘭奢自身、最初は従来のように客観的な姿勢を保ったまま役に取り組もうとしていたが、今回の「マダムX」ばかりは、自分自身の半生と重なり、蘭子の叫びが自分自身の叫びとなっていたという。

「マダムX」公演の前年に、息子の佐喜雄と再会した蘭奢は、再会以降、佐喜雄と文通を続けていた。東京で激賞された「マダムX」は、大阪でも公演されることが決定し、佐喜雄も観に来ることになった。しかし、蘭奢はその大阪公演を前にした昭和三年（一九二八）六月七日、突如脳出血で倒れ、翌日の八日に三十八歳の短い生涯を閉じた。蘭奢の死に際して、人びとは言い合わせたように、「マダムX」の出演が、彼女の死期を早めたと呟いたという。

（二松学舎大学非常勤講師）

参考文献

尾崎宏次著『女優の系図』（朝日新聞社、一九六四）
夏樹静子著『女優X　伊沢蘭奢の生涯』（文藝春秋、一九九六）
鷹羽司編『素裸な自画像』（大空社、一九九九）
山口はるみ著『21世紀への伝言［62人の肖像］ＷＯＭＥＮ』（六輝社、二〇〇〇）

伊澤蘭奢を描いた文学

最初で最後の臺詞

福田清人

　ある日――日記を繰ると昭和三年五月五日の事だ。朝九時頃、笄町の彼女の住居を訪ねた。別に何の用事でもない。私達は、色々腹の立つ事があつたり、寂しい事があつたり、煩悶があつたり、たまにまた嬉しい事があつたりすると、よくその住ひを訪ねたものだ。彼女は、時にうるさかつたであらう私達の話を嫌な顔もせずに、聞いて呉れた。暫くすると誰か又お客だ。一緒になつて、半日も、時には夕飯までも一緒にたべて、室中にもう〳〵と立のぼるバツトの煙の中で、芝居の話――彼女が書きかけてゐるもの丶話、若い作家のゴシツプなどを中心に、談笑が弾む。そして、大抵各々の恋愛の告白をやらせられる。あの室はまことにひとつのサロンであつた。そこには華麗な装飾もなかつた。香のい丶煙草をのせた卓もなければ、柔く弾みのい丶椅子もなかつた。質素な、むしろ貧しいサロンではあつたけれど、なんといふ和かな空気が充ちてゐた事だつたらう。そこでは形式的な礼儀が拒否されて、めい〳〵勝手な気焔を吐いた。彼女の濃かな配慮で、みなしつくりした気分になれた。

で、その朝もぶらりと行つた訳だつた。よく前夜の芝居のせいなどで、時々十時十一時頃行つても、起きたばかりの事があつて。今お掃除しますから、お寺の中でも散歩してゐらつしやい。と二階から、叫ばれて、隣の静かな寺院の墓地を、ぶら〳〵墓碑銘などよんだり、煙草をふかしたりして歩いて戻る事があつた。

が、五月五日の朝は、すでに二階の雨戸はすつかり開け放つてあつた。

――い丶所へ……佐喜ちやんを紹介するわ。その朝は、その前から楽しそうに語られてゐた、彼女の血を受けた丶つた一人の児、佐喜雄君が、丁度大阪から着いたばかしの所だつた。伊澤さんによく似た人だつた。

――見物のプランを立て丶ゐるんだけど……僅かの滞京日数のため、方々見物すべき所を記してゐられた。

――なにぶんお稽古で忙しいのでねえ。

邦楽座で『ムソリーニ』の稽古のある忙しい日なのであつた。やがて今日は特別に、整頓された室を出かけた。市電で銀座の方へ。

――有名な人へ出合つたら、手をあげるのよ。ひどく有名な人には一番高く、中位の人にはや丶高く、一寸有名な人にはちよびつと。彼女は、子供の様に朗かだつた。やがて彼女の手が少しあがつた。『やあつ』とか何とか行人がふりかへるほど叫んで、ガリ〳〵頭の男がとんで来た。

――大辻司郎さんよ。

と説明した。不二家の二階で、佐喜雄君が、文藝春秋でその名を知つてゐるといふので、三好といふ人がわざ〳〵顔出しに来らされた。

ひる頃邦楽座の頂上の部屋に入つた。稽古にまだ揃はないので、三人は露台にたつた。彼女は熱心に街を説明してゐる。

やがて稽古が初る。隅つ子に座つて、見物してゐる。ムソリーニと国会議員との場面がごた〳〵と繰かへし繰かへし行はれる。作者の前田河廣一郎氏が、正宗瓶を片手にして怒鳴《（ママ）》てゐる。彼女の番は来ない。少々あきが来たので下の休憩室へ行つて、佐喜雄君と、話してゐる。一時間ばかりしてゆくと丁度彼女の番が来た。彼女は幕切にたつた台詞一言叫ぶにすぎなかつたのであつた。が、異常に緊張してゐた。恐らく佐喜雄君が聞いた最初にして最後の台詞であつたらう。その日は特に、それで暇が出て、いそ〳〵帰り支度をしてゐると、前田河氏が動作について何とか云つた。すると、彼女は再び戻つて熱心に繰り返した。一寸した動作だつたけれど、ひどく緊張してやつたのをハツキリ覚えてゐる。邦楽座を出かけた時、向ふから、脚の美しい洋装の女が微笑した。たちまち彼女はとんで行つた。約束の手もあげずに、

——綺麗な人でせう。

佐喜雄君と私にその人は、ある有名な作家の寵人だと説明した。

市電で、新宿へ向つた。彼女が小さい時から知つてゐるといふ徳川夢聲氏に会ふためだつた。いゝ加減にお別れしようと思つた私も、紹介するからといふので、無遠慮について行つた。——大きくな

りましたなあ。

夢聲氏は佐喜雄君をみやつて洋酒をなめてゐた。――新宿駅の階上である。やがて、武蔵野を一寸のぞいて、高円寺にある、彼女のお兄さんの所へ、佐喜雄君を送るため、省線にのつた。私も東中野なので、一緒である。乗るや否や、彼女は、側の紳士に丁寧にお辞儀をした。吊皮につかまつてゐたのでどの程度まで、手が上つたか分らない。

――山本さんよ、山本有三氏よ。

と云ふ声を聞いた。

――今度邦楽座でやりますので……

とか山本氏へ話してゐた。その声を半分きゝながら、私は東中野でおりた。

今でも私は彼女が銀座の舗道などで、さつさつと歩きながら、誰か顔見知りの人の前に立どまつて、大きな声で立話を、やつてゐる様な気がする。

（作　家）

付記　この随筆は『素裸な自画像』より転載した。その際、漢字は表題と人物名の他は新漢字を使用した。

邦枝完二著「女優蘭奢」

柿木原くみ

邦枝完二の「女優蘭奢」は、昭和十一年四月一日発行の「中央公論」第五十一年春季特輯号に掲載された、五十枚ほどの作品である。発表されたのは二・二六事件の直後であったので、その編輯後記の書き出しは「噫！　二月二十六日、吾が國史上に見ざる大事件であった。」とある。また、同誌の目次には、「廣田内閣」人及び動向、吾等何を爲すべきか、二・二六事件日誌などが並んでいる。それらと同じポイントの活字で「女優蘭奢」・邦枝完二、が見える。そして編輯後記中には、邦枝完二氏が多年胸中に抱いた「女優蘭奢」は新らしい苦心になつた得難きものである、と記されている。「女優蘭奢」の他の同誌掲載の小説には里見弴「アマカラ世界」、井伏鱒二「梅香崎假館」、細田民樹「蒼白い風」、林芙美子「枯草」、豐島與志雄「南さんの戀人」がある。

「女優蘭奢」は三三四頁から三五四頁までの掲載で、挿絵は小村雪岱・本名泰助、明治二十年（一八八七）〜昭和十五年（一九四〇）である。当時雪岱は泉鏡花・本名鏡太郎、明治六年（一八七三）

〜昭和十四年（一九三九）の単行本の大半の装幀を担当し、鏡花・雪岱は名コンビと謳われていた。

「女優蘭奢」の挿絵は二点で、うち一点は一頁分を使って蘭奢が火鉢の前でグラスを片手に物思いに沈む姿を描いている。「女優蘭奢」は蘭奢の没年七年余りを経て発表された作品故、編輯後記に、邦枝完二氏が多年胸中に抱いたと、記されたが、雪岱の挿絵はその邦枝の思いをも表現しているようである。

「女優蘭奢」において邦枝完二は一から八という構成で執筆している。仮に見出しを付けて、要約を紹介することとしよう。

一、齋藤氏との出会い
二、辰夫のこと
三、女優・蘭奢として
四、齋藤氏の宙外社社員として
五、再び辰夫
六、齋藤氏との愛
七、一子・佐喜雄との再会
八、「マダムX」と蘭奢

齋藤氏との出会い　初舞台を前に、としてもよく、蘭奢が一子を残して婚家を去り女優としての道を歩みはじめた近代劇協会の稽古場で、座長から就職先の斡旋をうけ、宙外社社長齋藤に紹介される場面である。伏線として、初舞台を飾る花輪を贈呈してくれる知友の有無を問われ、とっさに見栄を張って「当てが有る」と答えてしまった蘭奢を、邦枝は「一瞬、蘭奢の頬には、狼狽の色がかすかに閃いた」と結ぶ。

辰夫のこと　下宿先に帰った蘭奢を待ち受けていた辰夫との対話の場面である。辰夫は遠縁にあたる青年で蘭奢に慕情を寄せており、初舞台の花環は自分が贈ると申し出るが、蘭奢は拒絶する。邦枝は二人の関係を「辰夫と蘭奢とは遠縁の親戚に當たつてゐた。かつてその彼から借りた小説本に、人妻の身も忘れて戀文などを入れて返したのが、そも〳〵二人を結ぶ悪縁だつた。」と書いている。

女優・蘭奢として　蘭奢が晴着や貴金属を質に入れ、花環代を工面する場面の心理描写である。邦枝は「わたしは良人と子供を捨て、故郷を出て來たのだ。たとへ石に嚙り附いても女優として成功しなければ。」との決意を言わせている。

齋藤氏の宙外社社員として　初舞台の蘭奢に花環を贈ってくれた齋藤社長への謝辞に始まる。自分自身で偽名を用いて花環を準備した蘭奢のからくりを知らず、余計なお節介をした、と詫びる社長との会話である。この花環をめぐる双方の対応により二人が急接近していく、という展開で「四時、東京驛二等待合室においであれ。」となる。

再び辰夫　またもや辰夫が登場する。雪岱の蘭奢像はここにおかれている。蘭奢に詰め寄りつつ泣き出した辰夫に対して、「戀でもない、愛でもない。が、蘭奢の胸にはいひ知れぬ寂寥が込み揚げて來て、弟のやうな辰夫を孜々とばかりに抱き締めた。」と記している。

齋藤氏との愛　「二人は互ひにすべてを許し、すべてを與へる心境のもとに、自分達の素ツ裸の魂を抱き合つて行かう、それでこそ二人の間に生れ出た愛が、完全に傳り育て、行けるのだとの、自由でしかも全幅の信頼がお互ひの間を固く結んでゐたがためだつた。」という、自由と信頼の絆の確固たる有り様を描きつつ、女優としての着実な歩みと、心の奥深くに潜む母性を見せている。

一子・佐喜雄との再会　十年振りに青年となった佐喜雄と再会して一夜を過す蘭奢は喜びにあふれる。邦枝は昭和三年（一九二八）七月号の「明暗」伊澤蘭奢追悼號掲載の佐喜雄の追悼記「喪にありて」や、昭和四年（一九二九）五月発行の伊澤蘭奢遺稿「素裸な自画像」をベースに小説「女優蘭奢」を書いているのである。ここでは、蘭奢の問に答えた佐喜雄の文を引いておこう。「戀をするなら、自分を、母のやうな気持で愛してくれる女にしたいと言ふやうな意味を幾分感傷的な口調で答へました、が眞實そんな心で暮らしてゐたのです。」と記し、蘭奢は蘭奢で「之で奪はれてゐたものを、奪り返した」といい、「初秋の高原の朝明のやうに、カラリト霽れて、何のわだかまりもない朗らかな氣分に滿たされた」と書いている。母子の充足感が伝わる。

「マダムX」蘭奢　佐喜雄との再会後の翌年正月に主演した翻案劇・「マダムX」をめぐっての記述である。「マダムX」は新劇協会が帝国ホテル演芸場で公演した作品で、蘭奢は江藤蘭子役で主演し代表的舞台となった。邦枝は次のように締め括っている。

かくて、「マダムX」が蘭奢か蘭奢が「マダムX」かといはれるまでに独自の境地を示した彼女は、その後浅草の公園劇場に同劇を上演し、また三度目には大阪へ懇望されて下阪準備を整へてゐた際、突然、脳溢血のために四十歳を一期として斃れてしまったのだった。その母性愛溢れた死顔は「マダムX」そのまゝであった。

念願の佐喜雄との再会後に「マダムX」で子を想う母の情熱を演じた蘭奢の迫真の演技は衆目の一致する所であった。佐喜雄こと伊藤佐喜雄・明治四十三年（一九一〇）～昭和四十六年（一九七一）は浪人中の夏に浜松で再開、翌春に大阪高等学校へ入学し、五月には上京して一週間ほど蘭奢のもとで過し、その一ヶ月後の昭和三年（一九二八）六月八日に蘭奢は急逝する。佐喜雄は、在学中に保田与重郎を知り「コギト」や「日本浪曼派」の同人となった、佐喜雄は病のため中退したが、家業を継ぐことなく文学の道にすすみ、入院中の作『花の宴』は芥川賞候補となった。同郷の作家、森鷗外の評伝も書き、『春の鼓笛』は池谷信三郎賞を受賞した。佐喜雄の遺骨は、津和野の三浦家の墓所に眠る蘭奢の墓に分骨されたという。佐喜雄が作家となったこと、蘭奢は喜んでいよう。

『女優X　伊沢蘭奢の生涯』（一九九三、文藝春秋）と題する評伝を書いた夏樹静子・昭和十三年（一九三八）～平成二十八年（二〇一六）は、そのあとがきで「一途に志を貫きながら、わが子への絶ち切れぬ愛と、その再会のドラマを、精一杯自分の筆で現代に甦らせてみたいと願った」と記している。

邦枝の「女優蘭奢」の作中、宙外社社長・齋藤亀治とは中外社社長・内藤民治のことである。内藤民治・明治十八年（一八八五）～昭和四十年（一九六五）、新潟県出身の思想家で「中外」主幹、国際人として民間外交に務めた。大正十一年（一九二二）には労農ロシアの全権ヨッフェを招聘、蘭奢は内藤夫人として見事に対応したという。翌年には自身がロシア訪問。蘭奢は内藤の出立後、自分の身体半分を持つて行かれたような空虚感に打たれた、と書く。そして、内藤は蘭奢の没後、いま、僕は自分の殆ど半分を彼女に持って行かれたような気がするよ、と友人に語ったという。
「女優蘭奢」に登場する三番目の男性は辰夫こと、徳川夢声・明治二十七年（一八九四）～昭和四十六年（一九七一）、本名福原駿雄、島根県生まれ。放送芸能家。新婚時代の蘭奢にあこがれを抱く。駿雄は幼くして母と別れているが、蘭奢は、母親のない男の子にありがちな、年上の異性に対する憧景を、多感な彼は、常にひと一倍持っていたように思われた、と書いている。

「女優蘭奢」の筆者、邦枝完二は本名完爾。筆名は完二、双竹亭竹水。明治二十五年（一八九二）東京麹町区平河町に生れた。父は医師の島源之丞、母はセイ。養父母のもとで育ったが、実母の弟で浮世絵の蒐集など江戸趣味の多胡梅吉の影響を受けた。また、十代の終り頃同人誌「Ｐｅｒｉ」を同人の生家吉原仲之町の引手茶屋から発行しているとの記述を目にした折、篆刻家・松丸東魚・明治三十四年（一九〇一）～昭和五十年（一九七五）について記した書の評論家・田宮文平の一文を想起した。「夜は、吉原の茶屋は、東京の社交界のようなものであつたから、ここで作家の邦枝完二、漫画家の宮尾しげを、映画監督の五所平之助や俳優の片岡千恵蔵らとも親しくなる」とある。明治生れの人々の交遊の幅広さ、土壌の豊かさを感じるところである。さて、邦枝の代表作は『お伝地獄』（昭和九年九月二十一日～十年五月十一日「讀賣新聞」夕刊に一八一回連載）といわれ、挿絵は小村雪岱である。第二部の『お傳情史』（昭和十一年一月～十月、「現代」連載の執筆の間に「女優蘭奢」の発表の決意をしたと推察する）。

『日本近代文学大事典』（昭和五十九年、講談社）によれば、邦枝は大正九年三月に帝国劇場文芸部に移って脚本を執筆しながら、技芸学校主事・帝国女優学校長を兼務。十二年、劇界の裏面に落胆、文筆一本にしぼって生きる決心をした、とある。邦枝は蘭奢が大正七年（一九一八）に女優としてデビューしてから急逝するまで、蘭奢に注目しており、その女優としての劇的な生涯を、彼女のためにも書き残したいと思い、発表の時期を待っていたのではないかと、そういう思いに至った。

（相模女子大学教授）

〈補記・伊澤蘭奢（本名三浦シゲ）の母校〉

蘭奢の『素裸な自画像』中、「間も無くわたしは、日本女学校へ転校することになりました。田舎ぽつと出のわたしは、何彼につけて気が退けてなりませんでした。（中略）元来が負け嫌ひのわたしは、努めてそんなことに頓着しないやうにしてゐる間に、いつか自分の田舎らしさも除れて来て、却つてみんなに好かれるやうになりました」とある。蘭奢の日本女学校転入は明治三十七年（一九〇四）であり、それから四年後に卒業している。

日本女学校は明治三十三年に西澤之助が東京市本郷区龍岡町に、「高潔善美」を行動規範とし、女性の地位が確立されていなかった時代に自立した女性を育成するために設立された。蘭奢の文を読みつつ、この建学の精神の生かされた明るい教室を想像する。日本女学校は蘭奢の通った麟祥院に隣接する学舎から、四十二年には小石川区大塚町に帝国女子専門学校を開設して移転、日本女学校は日本高等女学校と改組し附設された。そして昭和二十年（一九四五）に校舎・学寮を戦災により失い、翌年に神奈川県相模原市の現在地に移転し、二十四年に相模女子大学学芸部が開設された。日本女学校は相模女子大学の前身である。

伊藤佐喜雄著『春の鼓笛』

唐戸民雄

『春の鼓笛』（「コギト」昭和十七年一月〜十二月。同年十二月、鬼沢書店刊）は島根県津和野出身の小説家伊藤佐喜雄が自らの中学生活を材に描き出した自伝的作品である。青春の華やぎと痛みを描くと同時に別れて暮らすことを余儀なくされた母伊澤蘭奢への切ない思いを込め綴った力作長編だ。翌十八年には第九回池谷信三郎賞を得ている。

田舎町で祖母と暮らしていた佐喜雄の前に突如都会風の美しい女性が現れ、実母だと教えられる。けれども、幼子《おさなご》は母を殆ど知らず、簡単に受け入れられるはずもない。夫の仕事の関係で嬰児を郷里に残し、東京で暮らさざるを得なかったとはいえ、母蘭奢は佐喜雄にとって他人に等しい「芝居のお母さま」でしかなかった。そして、時を置かず、母はまた佐喜雄から離れて行く。女優になる為に。自らの可能性を賭し生と格闘する為に。しかし、事情はどうであれ、成長した佐喜雄は母を求めた。生を授けてくれた母の存在を確かめ、自分自身が何者であるかを問いたかったのだろう。小説家は筆を執り、自らと格闘し、母への思いを謳いあげた。

地方都市で中学校に通う矢吹龍夫は堅苦しい寮生活を嫌い、自由を求め下宿暮らしを始める。新たな友を得、哲学・文学に親しみ、芸術や将来について語り合う。造り酒屋の嫡子として決まった道を歩むことを半ば強いられている龍夫は、自らの意志で進路を選べる大殿寛を羨み、また家業が傾き進学を断念せざるをえない多々良八郎に同情する。平穏な学生生活のなかで起こる様々な出来事を通して、現実の厳しさ・やるせなさや社会の在り方を肌に感じながら青年は成長していく。

しかし、龍夫は心に蔭を宿していた。生母を知らぬ。東京で女優をしているとは聞いていたが、家人は黙して語らず、定かなことはわからなかった。ある日、映画館で葉月信子と競演する母とおぼしき女優若宮志津（母の旧姓に酷似している）を銀幕に見る。程なくして偶然、葉月が率いる旅回りの一座が龍夫の住む町にやって来た。青年は意を決し、女優に母について尋ね、間違いないとわかり、手紙を託す。諦めかけていた頃、母からの返事が届く。母と龍夫の文通が始まる。卒業の年の夏、京都で受験準備をしていた龍夫は母からの電報を受け、浜松に赴き十余年振りの再会を果たす。

『春の鼓笛』の内容を伊澤蘭奢の記す『素裸の自画像』や伊藤自身の「反芻した乳の匂ひ」、釼川兼光の作成した小説家の年譜と照らし合わせてみると、細かな部分はさておき、作者の県立山口中学卒業までの二年間とおおよそ合致する。事実と虚構の混同は避けなければならぬが、作中の中学生矢吹龍夫は作者伊藤佐喜雄の等身大の分身で、女優篠懸蘭子（龍夫の生母若宮志津）は新劇界を駆け抜けた伊澤蘭奢（本名・三浦茂）その人であるとみなしてよい。当然、中学生の生母への憧憬・思慕はその儘佐喜雄の実母蘭奢へのそれと重なる。小説家が達夫を介して書き綴った母への思いをいま少し詳しく読み解くことにしよう。

春の宵、映画見物に出かけた龍夫の眼は銀幕に吸い寄せられる。若宮志津、母に違いない。人気女優葉月信子の相手役の召使いに扮した女性が初めて見る生母であった。「ものの三分もたたないうちに母の姿は消え失せ」てしまう。けれども、その姿態は深く心に刻まれ、激しい胸の高鳴りと共に龍夫を去ることはなかった。

蘭奢の伝記小説『女優X』の作者夏樹静子は、映画に出演する際の名を旧姓を用い、「茂」をひらがなに変え「子」を添えた「三浦しげ子」とした女優の胸中を推し測り、

活動写真なら全国津々浦々で上映され、観客の目に触れる。山口でも、津和野でも。その名は、蘭奢が一縷の望みを託したサインであった。（『女優X』）

と書く。果たして、夏樹が想った通り願いを込めた蘭奢の祈りは佐喜雄に伝わる。『春の鼓笛』の龍夫は母からの秘密の「サイン」を薄暗い映画館で拾い上げた。惹かれ合う母と子の気持ちが初めて出逢った瞬間である。青年は母への確かな一歩を踏み出す。

龍夫の住む町に、興行に訪れた葉月信子を囲み座談会が催された。その席上で女優から若宮志津が篠懸蘭子と同一人物であり、生母だと知らされる。龍夫は葉月の弟子に母への手紙を託すことにした。

お母さん。この僕の手紙を受け取られて、びつくりなさるだらうと思ひます。しかし、お母さんは、何かの方法で僕の方からいつか呼びかけてくるのを、心待ちにして居られたのではないでせ

うか？　正直にいへば、僕自身も、これまで長ひあひだお母さんの方から呼びかけてもらふのを、ひそかに待ち望んでゐたのでした。

（『春の鼓笛』）

隠していたはずの母への思いが、「お母さん」という書き出しの一言に既に溢れでる。責めてなどいない。恨んでもない。唯々、母を慕う気持ちが言葉に滲《にじ》む。手紙を手にした篠懸蘭子の喜びが目に見えるようだ。龍夫は昂《たか》ぶりを抑え、続ける。進学のこと、芸術を好み、将来は音楽で身を立てたいと考えていること、新劇の女優である母を誇りに思うことなどを認《したた》め、最後まで青年らしさを崩さず、「御返事をくださつたら、またおたよりします」と添え、筆を擱《お》く。

返事が来た。母からの返信だ。封筒には篠懸蘭子とある。母もまた努めて平静を装いつつ、いつか息子である龍夫から便りが届くことを願い、それを想像していたと前置きし、女優としての日々を忙しく送り、賞讃も得て充実していると記す。

でも、龍ちゃん！　この同封の都新聞の写真を見てください。私の顔ににじみ出てゐる一脈のさびしさを。これは私の舞台のそとの生活の色です。私はもうすべてに夢をもつてはゐません。いつかあなたに会ひ、あなたの成長したすがたを眺めることの楽しみが、私にのこされたただ一つの夢です……

（同前）

篠懸蘭子の心の奥底に沈めていた母性が龍夫の遠慮がちに書かれた手紙により呼び起こされ、蠢《うごめ》きだす。忘れられた存在ではなかった。安堵と歓喜が交錯する。自ら望み、飛び込んだ舞台の世界とはいえ、我が子を置き去りにして来たという罪の意識は消えはしなかった。しかし、すべてが杞憂だとわかると、堰を切ったように龍夫への愛が迸る。時の隔たりを越え、母の胸中で龍夫は「龍ちゃん」となった。母子は手探りの会話を、心の交流を始めたのである。

手紙の往復が心をほぐす。二人は少しずつ母子らしくなっていく。葉月信子の弟子に手紙を預けてからおおよそ一年半、篠懸蘭子と矢吹龍夫は浜松で逢うことになった。東京の母から連絡を受け、京都で講習会に参加し受験勉強に励んでいた龍夫は、郷里の家族も知らぬ「何か秘密の冒険めいた緊張」と「邂逅の喜び」に胸を躍らせ、湖畔の町へ急ぐ。しかし、「こんど会ふときは、あなたは一青年として私は一女優として」という母の手紙の文言を思い起こし、ふと冷たさ・恨めしさも脳裡を過《よ》ぎった。一時間遅い下りの汽車が着き、艶《あで》やかな洋装の女性がホームに降り立つ。

彼（龍夫）は進みよつて母のわきに立ち止まつた。

「龍ちゃん?……」

とそれは言葉に発しないで、目の微笑が問うてゐた。龍夫も黙つて軽いうなづきのふりをした。

（同前）

母は「愕くほど若々しく」、そして美しい女優であった。子どもらしく無心に振る舞おうとした龍夫の「もくろみ」は水泡に帰す。短い会話を交わした後、二人は宿へと向かう。

母が風呂に誘う。一緒に汗を流し、我が子の成長を自分の眼で確かめたかったのに相違ない。龍夫は戸惑いながら母に従うが、化粧を落とし浴衣に着替えた母に四十歳という年齢を見て取り、親しみを覚え始める。食事を終え、床を並べ、ぎこちない遣り取りを続けた。そして、身勝手から家と自分を捨てたのではないとわかり、母との間にあった最後の溝が埋まる。二人は時間を惜しみ、心を通わせる。

「龍ちゃん、龍ちゃん……」

と揺り起こす声がした。目をさますと、母の蒼白い顔があつた。鼻のわきに一すじの涙が光つてゐた。

「眠いの？」

「いいえ、ついうとうとしただけです」

「さう、ぢやもつとお話しませうね。お願ひ……あすは別れなくちやならないもの」

母は彼を抱いて額に唇を押しつけ、何か口のうちで祈りごとをつぶやいた。龍夫が枕もとの水差しをコツプにかたむけると、母は彼の飲みさしの水を飲んだ。

「あなたは、お母さんと呼んでくれたのね。もう私のものよ。やつと私の手に取り返すことができたんだわ」（同前）

母は最初から限りなく優しい母であった。母の息遣いと心臓の鼓動を肌で感じたとき、矢吹龍夫の心と篠懸蘭子の心は一つに溶ける。母は「忘れ物」（『素裸の自画像』）を取り戻し、子は自らの存在の根源である母を手に入れた。二人は感傷的ではなく、明るく愉快な母子の関係を十余年を経て初めて得たのである。しかし、翌夕、恰も舞台の一場面のように、母子は東と西へ、それぞれの住む世界へと戻って行く。互いに胸中に長い間抱えていた空虚を追い払うことは出来たが、辛い別れであることに変わりはない。

卒業を前に退学処分になった嘗ての友人甲斐正吾の処分撤回を求めるちょっとした騒ぎと家業が傾き進学を諦め龍夫の下宿先の娘と商売を始める多々良の選択を作品の後半に置き少し波風をたて、うららかな卒業式の場面で物語を終《しま》う。

小説家はその後の人生に大きな影響を及ぼす大阪での高等学校生活ではなく、中学時代の後半の二年間を辿ることで、自らの出発点・立脚点を明らかにしたかったのだろう。そして、何よりも母蘭奢との美しくも切ない邂逅の喜びを書き留めておきたかったのではないか。夏の再会から十ヶ月の後、母は帰らぬ人となった。蘭奢と佐喜雄が母子として共に過ごした時日は十日にも満たぬ。作中には母に忍び寄る不吉な影は見あたらないが、伊藤は母への恋しさと鎮魂を込め『春の鼓笛』を織り上げたのである。

（近代文学研究者）

夏樹静子著『女優X　伊沢蘭奢の生涯』

八重瀬けい

日本の演劇界において、語られる事の少なかった女優伊沢蘭奢。しかし、その波乱万丈の人生はこの夏樹静子の「女優X　伊沢蘭奢の生涯」に詳しい。平成四年（一九九二）十二月「別冊文藝春秋」二〇二号（文藝春秋）に一挙掲載。また翌年四月単行本として同社から刊行。更に（文春文庫）平成八年（一九九六）刊行。これにより、伊沢蘭奢はより広く人々に周知されることになった。あらすじを簡単に紹介する。

山峡のノラ

明治二十二年（一八八九）十一月十六日、島根県津和野町に伊沢蘭奢こと三浦シゲは生まれた。兄一人姉一人の末っ子で家は五代続いた紙問屋であった。

しかし裕福な生活は十一歳で終る。父の事業の行き詰まりによる一家離散。祖母とシゲは二十歳の兄虎平を頼って広島へ。

広島では兄の就職先、山陽鉄道会社の社宅に落ち着く。そこでシゲはミッションスクールに通学する。だが明治三十六年兄は朝鮮統監府に転職の為、妹シゲと共に上京。祖母は津和野に戻った。上京した二人は、母ツルの姉キクを頼って東京の本郷に落ち着く。満十四歳になっていたシゲは日本女学校へ転入。

無事女学校を卒業すると、伯父の勧めで同じ津和野出身の東京帝大薬学科教室を出た「高津屋伊藤薬局」の跡取りで七歳年上の伊藤治輔と結婚。津和野で明治四十年結婚式を挙げる。この時シゲ十八歳。新婚生活は東京で始まった。夫には事業家になるという大きな夢があり、そのため、研究に没頭する夫の世話と工場の手伝いに、シゲは全力を尽くす。

明治四十三年（一九一〇）八月津和野の「伊藤家」で長男佐喜雄誕生。三代も夫婦養子が続いていた伊藤家にやっと家付きの跡取りが生まれたのである。しかし三ヶ月目に、東京の夫から病気との電報が届き、姑は佐喜雄を置いてシゲ一人で行くように言う。

夫の病気は程なく治るが事業は失敗。心機一転引っ越し、新たな事業に取り組むもそれも失敗。夫は家を空ける事が多くなった。明治四十四年十一月、イプセンの「人形の家」をシゲは帝劇で観賞する。「わたしは何よりもまず人間です」このセリフがシゲの心に残る。

そんな中、近所に住む夫の遠い親戚筋の青年、後の徳川夢声が親戚ということで気楽に夫婦の家に出入りするようになる。が、若い二人は関係をもってしまう。その後罪の意識に囚われたシゲは、衝動的に東京を離れるが一晩清水で泊まり、再び自宅へ戻る。その途中、帝劇の「ヂューリヤス・シーザー」の看板が目に飛び込みつい観賞する。観終わった後、ああ、わたしも女優になりたい！　という衝動がシゲに初めて芽生えた。

大正四年、夫治輔満三十三歳、シゲ二十六歳の晩秋、夫婦は東京での生活に見切りをつけ、津和野に帰る。津和野では、自分に懐かない満五歳の佐喜雄。そして、奥の離れで縫物をすること、家の者十七人の賄い、後は簡単な雑用のみであった。次第に息苦しさと閉塞感に襲われるシゲ。ついにある日婚家を飛び出し実家へ戻る。大正五年（一九一六）十月十一日「協議離婚」成立。翌大正六年三月、女優になるという夢を叶えるべく、シゲは故郷を捨て東京に向かう。

晩成の花

兄虎平の家からシゲの東京での生活はスタートする。大正七年（一九一八）二月シゲが入団したのは、上山草人率いる「近代劇協会」であった。シゲ満二十九歳。

研究生となったシゲはその四ヶ月後初舞台を踏む。シェークスピアの「ヴェニスの商人」のネリッサ役。芸名も伊沢蘭麝と名乗るが、この麝香の麝を二回目の舞台の時に蘭奢と改めている。伊沢蘭奢誕生である。

しかし、生活は苦しい一方であった。すでに兄の所からは引っ越し下宿生活をしていた蘭奢は、上山に頼んで仕事を紹介してもらい、内藤民治の雑誌「中外」の編集部で働く。後に内藤民治は蘭奢にとって生涯の理解者となり、内縁の関係となった。

その後初舞台の切符を、再会した徳川夢声が買ってくれたり、仕事・芝居と蘭奢は多忙な生活になる。しかし蘭奢の心はやはり、津和野に残してきた息子のことで占められている。

大正七年、十一月芸術座の島村抱月が病死。翌年の一月五日松井須磨子後追い自殺。名実ともに芸術座を引っ張ってきた二人の死によって、新劇界の流れが変わると思われた。

が、蘭奢の所属する近代劇協会もまた、上山夫妻がハリウッドの俳優学校に入学するため、餞別公演のあと解散。蘭奢は四月内藤民治の紹介で、畑中蓼坡《りょうは》が新設した「新劇協会」に入団する。第一回公演は有楽座でチェーホフ作「叔父ワーニャ」蘭奢はエレナ婦人、それと長田秀雄作「轢死」蘭奢はお定を演じた。

しかし好評を得た第一回公演の後、畑中は一旦劇団を閉鎖する。そのため蘭奢もしばらく舞台から離れることになる。

大正十一年（一九二二）春、民治の勧めで蘭奢は松竹蒲田撮影所に入社し、「三浦しげ子」の芸名で映画出演する。映画は日本全国で上映される。無論津和野でも……。蘭奢は芸名に我が子に対するサインを込めたのだ。

マダムX

息子の伊藤佐喜雄は大正十二年四月、生家を離れ山口中学に入学している。佐喜雄にとって、生母は東京で活動や舞台に出ている女優ということだけで、あとは芸名も含めなかなか情報がなかった。中学入学時に戸籍謄本で「シゲ」という本名がわかったくらいである。彼にとって生母は女優Xでしかなかった。

ある日、彼は友人と入った活動写真館で「噫無情」を見る。スクリーンにキャストの字幕が流れるとそこに「三浦しげ子」の名前を見つける。常に心の中で、生母の姿を探し続けていた彼にとって、初めての母の姿であった。

大正十四年（一九二五）の春、佐喜雄は、蘭奢と一緒によく映画に出ていた五月信子の一座が全国を巡回し、当地にも来たのを知る。そこで佐喜雄は母宛てに手紙を書く。一座の秋月弘子に託された手紙は、二年後の昭和二年（一九二七）三月に蘭奢の手元に届く。山口を出た後、五月信子の劇団は九州、朝鮮、満州を巡演していたのである。

蘭奢は六歳の時別れた我が子に対して、逢いたいと想い続けていたが、息子と連絡を取る事を固く封じていた。しかし蘭奢は「三浦しげ子」の芸名に想いのすべを込めた。それを息子はしっかりと受け止めていたのだった。

お母さんで始まる息子佐喜雄の手紙に、蘭奢は許されたのを感じる。浜松での再会、そして文通による交流。やがて大阪高等学校理科に進学した佐喜雄は、五月に上京して、蘭奢と一週間寝食を共にする。親子としての待ち焦がれた日常生活を過ごす事ができた。別れの駅で蘭奢は佐喜雄に言う。「もうじきね、また逢おうね」舞台「マダムX」の大阪公演が予定されていたのだ。だから、またすぐ逢えるはず……蘭奢も佐喜雄もその日が来ると信じた。だがひと月もたたぬ六月八日、蘭奢は脳出血で急死してしまう。数え四十歳、満三十八歳であった。

蘭奢を失った新劇協会は昭和四年（一九二九）「伊澤蘭奢一周年忌・創立十周年記念公演」を最後に解散した。》

夏樹静子はあとがきでこう書いている。

「処女作以来、「母と子」は私の一生のテーマと思ってきた。蘭奢とめぐりあい、また多くの方々に助けられて、はじめての評伝を書きあげられた幸せに感謝している」

また『百冊百話』高橋一清（二〇一四・五月、青志社）当時「別冊文藝春秋」編集長だった作者が山口市でのパーティの席で夏樹静子と並んで座った時の事。

「デビュー以来母と子の絆をテーマに執筆している夏樹さんに、この町で過ごした青春時代より抱き続けた蘭奢と佐喜雄のことを語るのはこの機会だと思った。「六歳で別れた子が十数年ぶりに再会するその話、私が書きたい」期待していた返事であった。二年後、『女優X　伊沢蘭奢の生涯』は完成した。推理小説を書いていた夏樹さんが初めて挑んだ評伝小説ということもあって、ストレスで夏樹さんは心因性の腰痛を引き起こした。」

それでも書き続ける作家、心を鬼にして原稿を催促し続ける編集者。二年後「別冊文藝春秋」に一挙掲載され夏樹の想いは結実する。その後単行本になり文庫本になった。

それは読んだ者の心を大きく揺さぶり、脚本家や演出家は創作意欲を、役者は役者魂に火をつけるものであったと思う。

平成六年（一九九四）五月四日〜三十日まで帝国劇場にて、「津和野の女・伊澤蘭奢の生涯」が佐久間良子の主演で舞台化。

平成八年（一九九六）十二月、TBSテレビドラマ「女優X　伊澤蘭奢の生涯」主演浅野温子。

平成二十三年（二〇一一）十一月二十四日〜二十七日、東京ギンガ堂による「女優X」紀伊國屋サザンシアター公演。

本を片手に津和野の町に行くと、夏樹静子の描いた伊沢蘭奢の世界が目の前にあった。津和野駅を出ると標高九百八メートルの青野山が見える。シゲは息子と暮らせる喜びに帰郷したものの、息子は姑っ子になっており、自分には懐かない。家業も手伝わせてくれない。

そんなシゲの状況を夏樹はこう書いている。

「シゲは毎日ひとり、離れの六畳間にすわり、縫物に時を過ごしている。顔をあげれば、めったに陽の射さない裏庭と、青野山だけが視野に映る。」

青野山は津和野の人々にとっては、母なる山だと地元の人は言う。その時のシゲにとって青野山はどんな想いで目に入ったのか。

夏樹は『素裸な自画像』伊澤蘭奢（世界社）からシゲの心情を引用している。

〈わたしは結婚というものを呪いました。（中略）夜になって、灯りのとぼしい、薄暗い町並みを眺めていますと、日に日に寂れてゆく此の城下町と一緒に、自分も老い朽ちてゆくような気がして、滅入りこんでしまいました。小さい町をグルリと取り囲んだ黒い山が、牢屋の塀のように思われました。〉

その後シゲはついに婚家を出る。両家の話し合いの後、「協議離婚」成立。八月に実家に戻って気がつけばもう秋であった。

翌大正六年三月、いよいよシゲは津和野を出る。前日陰ながら遊んでいる息子の姿を見届けたシゲ。我が子の姿を見るのはこれで最後かもしれないという想い。

「神さま、どうぞあの子をお守りください、シゲは目を閉じて祈った」

それは、夏樹の祈りでもあったに違いない。

当日の早朝、シゲは父親の手配してくれた人力俥に乗って県境の野坂峠を越えるが、その手前で止めてもらい、視下に広がる津和野の町に別れを告げる。

覚悟を決め退路を絶って出て行く者の心情が表現されている。そしてその言葉通り、シゲは二度と津和野の地を踏むことはなかった。

こうしてシゲは自分の夢を叶えるべく、そして自立した一個の人間として、東京での生活を始める。

一方女優になるという夢は、数えで二十九歳の大正七年二月に、上山草人の『近代劇場』に入団する事により第一歩を踏み出す。

そんな中でシゲは、津和野訛りに苦戦しながら、役者としての稽古に励む。しかし、ふとした瞬間に心は津和野に飛ぶ。

夏樹は手の届かない所にいる我が子を想い、なるべく思い出さないように日々暮らす中、それでもぽっかりと空いたシゲの一瞬の寂寥を書いている。そしてその想いをバネに志を貫く強い女性としてのシゲ、芸名伊沢蘭奢を描いていくのである。

さてその初舞台は、大正七年六月五日から十日間有楽座における、「第十一回近代劇協会公演」であった。蘭麝の役は「ヴェニスの商人」のネリッサ。

役者として第一歩を踏み出す一方、蘭奢は内藤民治との出会いや、劇団の解散、新しい劇団「新劇協会」への入団、映画への出演と忙しい日々を送る。

しかし、どんな環境になっても、佐喜雄のことは片時も心から離れない。佐喜雄もまた、生母の面影を探し求めていた。伊藤佐喜雄著『春の鼓笛』の中から、夏樹は佐喜雄の想いを抜粋している。佐喜雄にとってどこまでいっても、生母は〝女優X〟なのであった。

交差する親子の想い。佐喜雄が旅周り一座に託した母宛てに書いた手紙。それは時間がかかったものの、確実に母蘭奢の元に届いた。

受け取った手紙の中には、中学生になった佐喜雄の写真が一枚同封されていた。

「手紙と写真を胸に抱いて、蘭奢は嗚咽に身を任せた。佐喜雄からの便りが届いた。私を「お母さん」と呼んで……ああ、この世にこれ以上の望みがあっただろうか！　別れてからちょうど十年になる……。」

たぶん夏樹は、このシーンをずっと心に描いていたに違いない。すぐに文通が始まり、昭和二年八月に浜松で再会。一夜語りあった母と子。その後の佐喜雄の手紙には、母との再会の喜びや、再び別れた時のつらさを吐露していた。

翌年五月には、佐喜雄が上京して、一週間蘭奢の間借り先で共に生活する。その間蘭奢は毎日手料理を食べさせた。

二人はまた逢う約束をして別れるのだが、六月七日、蘭奢脳出血により急死。

〈東京から帰って一と月も経たぬ時、母の重態を知らせた殆んど信じられない電報を受取りました。母の家へ着いた時には、棺の中に眠ったように瞑目している顔があるのみでした。けれども、今私には私の血管を流れている母の生温かい血を感ずることができます。〉

夏樹が書きたかったひた向きに己の夢を追い続ける女優伊沢蘭奢、心の奥に秘めた子に対する切ない想い。夏樹の物語の中に「伊藤家の座敷では、今夜も家族が顔を揃え、佐喜雄の一挙一動にみんなが目を細めながら夕餉の卓を囲んでいるのだろうか?」シゲがそう想いを馳せるシーンがある。ここで読者はその奥にある、なぜ母親がわが子を置いて、己の道を貫けたのか知る。自分がいなくても、我が子は周りに愛され、健やかに育つのではないか、いやきっと守ってくれる！　そう確信したからこそ、シゲは子どもを婚家に託して家を出た……と。

母と子の物語は津和野にある三浦家の墓所、蘭奢の墓の描写で終っている。

平成二十八年（二〇一六）三月十九日、心不全により夏樹静子逝去。享年七十七歳。

（「九州文學」同人）

参考資料

夏樹静子著『女優X　伊沢蘭奢の生涯』（「文春文庫」文藝春秋社、平成八年）

鷹羽司編『素裸な自画像』（「伝記叢書319」（大空社、平成十一年）

伊藤佐喜雄著『春の鼓笛』（鬼澤書店、昭和十八年五月）

海野弘著「マダムXの愛と死」（『運命の女たち—旅をする女—』）

上宇都ゆりほ

書誌と内容

初出は資生堂発行『花椿』昭和五十九年（一九八四）六月号。『花椿』昭和五十七年（一九八二）四月号から平成四年（一九九二）一月号まで計一一八回連載された「旅をする女」の第二十五回目。著者は「あとがき」で、「旅をする女」について、劇的な運命をたどった女性の肖像を旅の物語として書くという企画に基づく作品であると記している。旅とは、その女性が時代特有の思想や因習などの制約を超えて自己実現するまでの道程であり、またそれを読む我々が時空を超えて、その女性が新しい人生に飛翔する姿に触れる旅でもある。従って、本作品は取り上げられた人物についての伝記を記したものではなく、人生における鮮やかな変化に視点が絞られており、ときにフィクションを交えた語り口で描かれる。

「マダムXの愛と死」は、日本人女性としてただ一人取り上げられた伊澤蘭奢の劇的な運命について、蘭奢自ら回想して独白する体裁を取る。そこでは蘭奢の代表作の『桜の園』と『マダムX』の台詞や演技などが交錯し、蘭奢の独白やラストの死も舞台上の表現として描かれ、読者は一つの戯曲の観客として蘭奢と同じ空間に引きずり込まれる、蘭奢の独白は作者によるフィクションであるが、独白の内容も、蘭奢の実人生と、『マダムX』の主人公蘭子に付与されたフィクションとが混淆している。女優は舞台上で他人の生涯を生きるため、代表作である『桜の園』と『マダムX』というフィクションを交えながら、蘭奢自身の生涯をメタフィクションとして語らせる手法は、女優に内在する本質を燻り出す。だがそれだけではない。幼い息子を捨てた母の苦悩と情愛を描いた作品『マダムX』の主人公蘭子と蘭奢の実人生が重なるだけでなく、最愛の息子佐喜雄との再会を果たし、『マダムX』の上演直後に突然亡くなった蘭奢の死は、まるで実際に『マダムX』のメタフィクションのようだと誰もが思っただろう。蘭奢にとって愛も死も全てがフィクションであり、生そのものが表現であったのかもしれない。

『マダムX』について

『マダムX』の原作は、フランスの劇作家アレクサンドル・ビッソンによって『La Femme X』という原題で明治四十一年（一九〇八）に発表された三幕から成る戯曲である。当初サラ・ベルナールなど複数の俳優に当たったが断られ、意気消沈したビッソンは版権をベルリンの興業仲介人に売却したところ、明治四十一年（一九〇八）にジェーン・ハーディングの主演によってパリでの上演に大成功を納めた。その後アメリカの映画監督ヘンリー・W・サベージに版権が渡り、ジョン・ラファエルにより英訳されると同時に戯曲の舞台がアメリカに移され、タイトルも『Madame X』に変更されて上演を重ねた。大正五年（一九一六）にはジョージ・F・マリオン監督により初めてサイレント映画として撮影されたのを皮切りに、その後トーキー化やカラー化して何度も映画化され、昭和五十六年（一九八一）にはテレビドラマともなるほど人気を得た。

中でも、大正九年（一九二〇）にアメリカのゴールドウィン社によって制作されたフランク・ロイド脚本・監督、ポーリン・フレデリック主演のサイレント映画『MADAME X』は、二年後の大正十一年（一九二二）一月に日本でも『マダムX』として神田東洋キネマで封切られて以後、武蔵野館など他の映画館でも次々と上映され、大きな影響を与えた。ちなみに蘭del と過去恋愛関係にあった徳川夢声は、大正一〇年（一九二一）十二月より弁士として神田東洋キネマに所属している。

『MADAME X』は、演出家や脚本家や映画監督によって様々な方法で内容の改編や演出がなされるが、根本的な部分であるビッソン原作の時代の既婚女性の恋愛に対する因習的訓戒や、捨てた我子への母の情愛と苦悩、母子の再会と死というメロドラマ的な構成の基底要素は全てに共通する。そのあらすじは、幼い我が子レイモンを捨てて夫フロリオの家を出たジャクリーンは転落の道を歩むが、夫と子供の名誉を守るためについに殺人を犯してしまう。ジャクリーンは名を明かさず、「マダムX」として公判に臨むが、自分の弁護人が我が子レイモンであることを知り、卒倒してレイモンの腕に抱かれたまま亡くなる、というものである。

日本では、大正八年（一九一九）一月、文芸協会第十二回公演にて『カルメン』が上演された後、島村抱月の脚本・演出によって松井須磨子が『マダムＸ』を演じる予定であったが、大正七年（一九一八）十一月に抱月がスペイン風邪に罹って急死し、その二ヶ月後の大正八年（一九一九）一月五日に須磨子が自殺したことで立ち消えになった。この企画を惜しんだ畑中蓼《りよう》坡《は》が仲木貞一（川口松太郎）に脚本・演出を依頼したところ、仲木は英訳・翻案されたアメリカ版の戯曲からさらに舞台を日本に移して翻案し、『マダムＸ』三幕を書き上げた。そのあらすじは、幼い麗吉を捨てて家を出た江藤蘭子が零落の末、福田頼蔵という無頼漢を我が子と夫の名誉を守る為に殺害する。名を隠して「マダムＸ」として臨んだ公判で、蘭子は自分の弁護人を務めたのは我が子の麗吉であることを知り、卒倒して麗吉の腕の中で亡くなる、というものである。仲木は『マダムＸ』の翻案に際してビッソン原作の戯曲に直接依拠せず、アメリカ版を踏襲したが、その背景には、先述のようなビッソンの版権譲渡に伴う英訳・翻案の事情や、大正九年（一九二〇）のフランク・ロイド脚本・監督、ポーリン・フレデリック主演の映画『マダムＸ』の日本における大ヒットが大きく影響したものと思われる。この『マダムＸ』は、新劇協会第二十二回公演として、昭和三年（一九二八）一月十四日から二十三日まで帝国ホテル演芸場にて上演され、主役のマダムＸこと江藤蘭子を伊澤蘭奢、福田頼蔵と麗吉を伊志井寛、堀検事総長を畑中蓼坡が演じた。「マダムＸの愛と死」で「チフスにかかり、高熱に悩まされて」舞台に立っていたと蘭奢が語るところは事実ではなく、蘭子の台詞にある。

蘭奢の『マダムX』は絶賛を浴び、昭和三年（一九二八）三月一日から四月九日まで浅草公園劇場で再演された。さらに夏には大阪での再々演も決まっていたが、同年六月八日に蘭奢が急逝し、蘭奢を失った新劇協会も、翌昭和四年（一九二九）六月、帝国ホテル演芸場における『伊澤蘭奢一周年忌・創立十周年記念公演』で、前田河廣一郎作『クレオパトラ』と葉山嘉樹作・金子洋文脚色『海に生きる人々』の公演をもって解散した。

仲木貞一は、蘭奢を「母性愛を示し、上品に表現し得る女優」（「主観化の演出」）と評し、松井須磨子よりも『マダムX』に適任であったと述べる。実際に蘭奢は『マダムX』で「母性愛その物を徹頭徹尾披瀝した」演技であったが、あまりに「その人物になり切るという領分に入り過ぎたゝめ、冷静に形式美を表現することがおそろかになった」ほどであったという。表現者としての蘭奢は、「幾分の客観化があつて、其所に云ふに云へぬ味を出した」にもかかわらず、『マダムX』では「全く主観のみが働いていた」ように感じられたと評している。それは『マダムX』が蘭奢の実人生と重ね合わされる作品だからであり、『マダムX』の蘭奢の迫真の演技は観客にひりひりとした痛みの実感として伝わり、大きな感動を生んだのであった。

伊澤蘭奢と伊藤佐喜雄

蘭奢が長男伊藤佐喜雄を出産したのは、明治四十三年（一九一〇）八月三日であった。出産に際して蘭奢は津和野の婚家に戻ったが、三ヶ月後に夫の治輔が病気となって帰京を余儀なくされたとき、姑が佐喜雄を手元から放さず、泣く泣く一人で帰京した。その後大正四年（一九一五）に治輔と共に津和野に帰るが、佐喜雄は祖母になついてしまい、蘭奢を見ても「芝居のお母さまだい」（「母性を悩む」）と言ってどうしても近づいてこなかった。大正五年（一九一八）、蘭奢は女優になるために婚家を去る。

蘭奢はいつの頃からか、「何か大切なものを何処かへ忘れて来た」（「母性に悩む」）という気持ちに襲われるようになり、その「胸のうつろ」は絶えず流れ漂うようになったという。しかし我が子を捨てたという自責の念から、蘭奢は我が子に対して「自分の所有権」を主張する権利を持てないのだと思っていた。それを決定する「最後の審判者」は「生み落とされたもの」のみである。蘭奢は、我が子への愛も謝罪も口にする権利すら許されないような思いを抱いて、「生みの悩み」にずっと苦しんでいた。

一方佐喜雄は、生母を知らないことに「空虚な寂しさ」（「反芻した乳の匂ひ」）を感じ、常に「遠い処にいる私の好きな人」の土産を待っているような夢想をして、生母への恋慕を抱き続けていた。山口中学入学時に生母の名が「シゲ」であることを知り、中学二年の時、ついに山口の活動写真館で、松竹蒲田作品『噫《ああ》無情』という映画で「三浦繁子」という名を見つける。蘭奢の役は「阿媽《あま》（乳母のこと）」という端役であったが、佐喜雄は「神経が病むほど」見つめたという。その次の年、五月信子が近代座の巡業で山口に来たとき、佐喜雄は山口高等商業学校映画研究会主催の歓迎茶話会に出席し、意を決して五月に話しかけ、自分が蘭奢の息子であることを述べた。五月は佐喜雄に手紙を書くことを勧め、佐喜雄は五月の弟子の秋月弘子（のちの大倉千代子）に手紙を託した。五月の一座が九州・朝鮮・満州へと巡業したため、手紙が蘭奢の元に渡ったのは昭和二年（一九二七）三月十四日のことであった。

手紙で自分の「所有」を否定されなかったことに安堵した蘭奢はすぐに返事を書き、それから母子間の頻繁な手紙の往還が始まった。そしてついに昭和二年（一九二七）八月二五日、蘭奢と佐喜雄は浜松で再会する。そのときの母子の心情は、蘭奢、佐喜雄双方が記している。浜松駅には佐喜雄が午後六時二十八分着の上り列車で先着し、蘭奢は下り神戸行き急行の二等車に乗って、午後七時に浜松駅に着いた。三十七歳の蘭奢は最初「母らしい感じ」の和服姿で行こうとしたが、すぐにそれを「欺瞞的な格好」だと感じ、臙脂やグリーンの色でインド模様を織りだしたエキゾチックな洋装に断髪のままで、十七歳の佐喜雄は山口中学の夏の制服制帽で、腰に手拭いを提げ、小さな手荷物を持って、朴歯の足駄であった。蘭奢の感じた「欺瞞」も、我が子を捨てた母という自責の念から来るものであったのだろう。

二人は旅館「小松屋」で一夜を語り合う。一緒に風呂に入って佐喜雄の体を流し、布団で佐喜雄を抱きしめたとき、蘭奢は初めて佐喜雄から「あなたの所有《もの》です」と宣言されたように感じた。蘭奢は佐喜雄の額に唇を当てながら、「どうか此の子が、丈夫で、一人前になつてくれますように」と願った。

蘭奢が『マダムX』の蘭子を演じたのは翌昭和三年（一九二八）一月から三月にかけてであった。蘭奢が表現者として、舞台で蘭子の人生を生きている間にも、どうしても佐喜雄との再会の記憶が重ねられ、舞台上で蘭子と蘭奢の人生が交錯してしまうのは仕方のないことであっただろう。

同年四月に大阪高等学校理科に入学した佐喜雄は、五月に入ってすぐに蘭奢を訪ねて上京し、一週間の滞在の間に内藤民治や徳川夢声などとも会っている。蘭奢が急逝したのはわずかその一ヶ月後であり、六月七日に脳溢血で重態となり、翌八日に息を引き取った。夏には『マダムX』の再々演となる大阪公演も予定されていたが、蘭奢の死はまるで「マダムX」の姿そのままであった。かつての恋人であった徳川夢声は、蘭奢の死について『マダムX』の大阪公演を佐喜雄に観られることへの苦痛による自殺を疑ったほど、蘭奢は舞台上の人生をメタフィクションとして現実に完結させたのであった。

（聖学院大学非常勤講師）

＊本稿を執筆するに当たり、資生堂花椿編集室様のご教示を賜りましたことに厚く御礼申し上げます。

参考文献

仲木貞一著『マダムX』（雄文閣、昭和七年）
徳川夢声著『世にも不思議な話』（実業之日本社、昭和四十四年）
三國一朗著『徳川夢聲の世界』（青蛙房、昭和五十四年）
夏樹静子著『女優X　伊沢蘭奢の生涯』（文藝春秋、平成四年）
鷹羽司編『素裸な自画像』（大空社、平成十一年）
H.L.Menken「French Melodrama」(Historic American Journalism, Oxford University Press,1977)
Cray D.Wints, Paul Finkelman「Encyclopedia of the Harlem Renaissance 'Madame X'」(African American arts, 2004)

私的なあとがき

今は昔の話から始める。私は、原田種夫から『緒方隆士小説集』（梓書院、昭和四十九年）をいただいた。この本が発行された昭和四十九年は、私はまだ原田とはそれほど親しい間柄ではなかったと思う。だから、この小説集は後に頂戴したものではないかと思われる。原田自身、緒方とは一度も「逢う折がなくて終った」（『緒方隆士小説集』付載「編纂覚え書」）という。しかし、緒方と同窓生であった田主丸在住の歌人・福田秀実が「緒方の作品集を世に出してやりたい」と熱心に語っており、原田も「九州の文学界から緒方隆士という名が欠落していて、誰一人として緒方を語り、緒方についての文章を書いた人はなかった」と記す。

緒方は経堂病院の一室で、中谷孝雄に手を握られながら、三十四歳（数え年）の若さでこの世を去った。緒方は中谷らと「日本浪曼派」を発刊した。中谷は緒方と「親しく」交流したわけであるが、「彼の同郷の有志の手によって緒方君の作品集が出版されるに至ったことは、たんにわれわれの喜びであるばかりではなく、文運未だ地に落ちずの感が深い」（『緒方隆士小説集』「序に代えて」）と記している。

私は中谷孝雄の歴史小説や文壇回想小説を愛読していた。そうしたことから、私は、原田種夫に依頼して、私たちの同人雑誌「かたりべ」第7号（昭和六十三年五月）に「中谷孝雄氏との一日」を寄稿して貰った。その中で原田は、中村地平碑の除幕式で中谷と会い、記念パーティのあと、青島まで行動を共にしたことを記し、「中谷氏が緒方を愛し抜いたのは、その凄絶な作家精神であったと思う」と記している。

ともあれ、福田秀実の熱意、原田や梓書院の奔走で、緒方隆士の小説集は刊行された。この書の中に収録されている原田の「緒方隆士に関する断片」は、緒方の親類縁者を訪ねたりして資料を収集して書き上げた労作である。

原田種夫は、昭和十三年、火野葦平らと第二期「九州文學」を発刊し、後には自らも同誌の発行人を務め、終生、博多に住み、九州の文人・文学を凝視し続けていた。「緒方隆士に関する断片」の研究文献目録の項には、同じく「日本浪曼派」同人であった伊藤佐喜雄の『日本浪曼派』も参考文献に挙げられている。佐喜雄は『日本浪曼派』（潮出版社、一九七一年）で、

緒方が日本浪曼派に書いた「島での一日」という小説は、私にも忘れがたい作品である。保田が激賞したし、芥川賞候補作にもなった。（中略）

私が見舞ったことを緒方隆士は喜んでくれたが、もう十分には話したり笑ったりすることのできない状態だった。九大病院で、結核性の患者を多く見てきた私には、彼には死期が近づいて来ていることがわかった。

と記している。

『日本浪曼派とはなにか』（復刻版『日本浪曼派』別冊、雄松堂書店、昭和四十七年）の中に「座談会　伊藤佐喜雄を偲ぶ」があり、そこで平林英子が「伊藤さんのお母さんの伊沢蘭奢さんは、私どもの若い頃は非常に有名な、立派な女優さんでしてね、今の若い人たちは知らないでしょうけれど、松井須磨子なきあとの女優といわれていました」と語り、緑川貢は「太宰さんには山岸外史という批評家がついていたが、伊藤さんには保田という批評家がついていましたから」と語っている。その保田與重郎はエッセイ「「花の宴」のこと」で、「私のすすめで、彼は雑誌「日本浪曼派」に「花の宴」を連載した。彼はこの作品を九州の大学病院で治療しつつ書いてゐたのである。私はこの作品を、近代の日本文学の史上で、かつてなかつたやうな、小説の面白さや花やかさを描いた異色の斬新な作品と思つた」と記している。平林英子は、周知の如く、中谷孝雄夫人。

「日本浪曼派」には、伊東静雄・伊馬春部・緒方隆士・檀一雄・中村地平・林房雄など、九州ゆかりの作家が同人として名を連ねていた。そして、『緒方隆士小説集』を編んだ原田種夫。九州大学病院に入院していた伊藤佐喜雄。伊東静雄に私淑していた庄野潤三や島尾敏雄は九州大学に学んでいた。庄野も島尾も中谷孝雄文学の愛読者であった。「日本浪曼派」の影響を受けた林富士馬は東京生まれであるのに、父が長崎県生まれであったことから自分の詩集には「長崎生」と書き記していた。島尾や眞鍋呉夫らの同人雑誌「こをろ」は福岡が拠点であり、その中心的存在であった矢山哲治は「九州文學」と近い関係にあり、矢山の死を原田種夫に知らせたのは島尾であった。

私は、福田清人（長崎県波佐見出身）に小倉から出ていた文化誌「九州人」を紹介された。同誌の主宰者原田磯夫は、私の九州作家に関する拙論をときおり掲載してくれた。

福田清人は若き日、伊澤蘭奢と交流があり、その死前後を見届けており、蘭奢の息子の佐喜雄葬儀のおりには葬儀委員長を務めている。福田は立教女学院短期大学教授をしていたことがあり、その蔵書の一部は立教女学院短期大学に寄贈された。

私は福田清人に多大な恩恵を蒙り、比較的晩年の中谷夫妻からはほとんどの著書を頂戴していた。一方、私自身も福田・中谷・平林の作品について拙論を書いたりもした。蘭奢の学んだ日本女学校は、帝国女子専門学校・相模女子大学の前身である。ただ、思い返して、不思議なことは、福田は私が相模女子大学に勤めていることを知りながら、私に伊澤蘭奢のことを語ることはなかった。福田には日本女学校と相模女子大学が結びつかなかったものであるのか、あるいはそれを口に出す必要はないと思っていたのか。今となっては分からない。

ともあれ、九州と縁の深かった「日本浪曼派」と伊藤佐喜雄。今回、本書に波佐間義之（第七期「九州文學」編集・発行人）をはじめ「九州文學」同人諸氏が執筆しているのは、不思議な縁というべきであろう。また、蘭奢・佐喜雄とゆかりのある伊藤志摩子（津和野の高津屋伊藤博石堂九代目伊藤利兵衛）が本書に寄稿されたのは、まさに奇跡ともいうべき不思議な縁。そして、当然といえば当然なのだが、柿木原くみ（相模女子大学教授）をはじめとして相模女子大学ゆかりの人たちが執筆陣に加わっている。私は蘭奢と交流のあった福田清人とは、福田が他界するまで親しく言葉を交わしていた。鼎書房主加曽利達孝も生前の福田と何度か顔を合わせている。こうしたことを思うと、本書は、長い歳月のあいだに培われた、人と人との不思議な縁が作り上げたものかと思われる。

最後になったが、執筆者諸氏に心から御礼申し上げ、また版元の鼎書房代表加曽利達孝氏に厚く御礼申し上げたい。

（文中、敬称略）

二〇一七年春

志村有弘しるす

伊澤蘭奢　不世出の女優の生涯と文学

発　行——二〇一七年五月二五日
編　者——演劇と文学研究会
発行者——加曽利達孝
発行所——鼎　書　房
〒132-0031　東京都江戸川区松島二-一七-二
TEL・FAX　〇三-三六五四-一〇六四
印刷所——イイジマ・互恵
製本所——エイワ

ISBN978-4-907282-35-6　C0074